Franz Xaver Kroetz

Der Drang

Ich bin das Volk
Bauerntheater

Neue Stücke 1

Rotbuch Verlag

Die Deutsche Bibliothek - CIP-Einheitsaufnahme
Kroetz, Franz Xaver:
Neue Stücke / Franz Xaver Kroetz. - Hamburg : Rotbuch Verlag
NE: Kroetz, Franz Xaver: [Sammlung]
1. Der Drang [u. a.]. - 1. Aufl. - 1996
(Rotbuch-Taschenbuch ; 1032)
ISBN 3-88022-400-5
NE: GT

Rotbuch Taschenbuch 1032

1. Auflage 1996
© für die Buchausgabe: Rotbuch Verlag, Hamburg 1996
Aufführungsrechte: Kroetz-Dramatik, München
Umschlaggestaltung: MetaDesign, Berlin
Herstellung: Das Herstellungsbüro, Hamburg
Satz: H & G Herstellung, Hamburg
Druck und Bindung: Druckerei Wagner, Nördlingen
Printed in Germany 1996
Alle Rechte vorbehalten
ISBN 3-88022-400-5

Franz Xaver Kroetz, geboren und aufgewachsen in München, lebt heute in München und im Chiemgau. Kroetz war Schauspieler (ausgebildet unter anderem am Max-Reinhardt-Seminar), Gelegenheitsarbeiter, Kraftfahrer, Krankenpfleger, Bananenschneider. Er ist Autor von über 40 Bühnenstücken, von Hörspielen, Film- und Fernsehdrehbüchern usw. Er wurde vielfach ausgezeichnet, zuletzt 1994 mit dem Brecht-Preis der Stadt Augsburg. Einem großen Publikum bekannt ist der Schauspieler Kroetz durch seine Rolle als Baby Schimmerlos in der Fernsehserie »Kir Royal«.

Inhalt

Der Drang

Volksstück in drei Akten

Personen

HILDE, kräftige Vierzigerin
OTTO, ihr Mann
MITZI, unscheinbare Dreißigerin
FRITZ, jung, Bruder von Hilde

Anmerkung

Das Stück spielt hauptsächlich in einer Gärtnerei; dazu Friedhof und Wohnung.

Da Schriftsprache grau ist und Dialekt Farbe bedeutet, soll er gesprochen werden.

Er muß nicht überall bayrisch sein.

Aber Hochdeutsch ist immer noch besser als ein schlecht nachgemachtes Bayrisch. (Bei der Uraufführung kamen die Schauspieler aus Sachsen, vom Bodensee, aus der Schweiz und aus Westfalen. Durch Anverwandlung und behutsame Veränderung hatte dann doch wieder jeder sein »eigenes Maul«.)

Obwohl das Stück wegen seiner zeitlichen Bezüge nicht »alt« sein kann, wäre eine zu Distanz verführende maßvolle zeitliche Zurückversetzung wünschenswert.

Pause nach dem zweiten Akt.

Erster Akt

1. Szene

Hilde und Otto im Ehebett; müde, dunkel.

OTTO *(bemüht sich hörbar.)*

HILDE *(nach einer Weile des Geschehenlassens)* Wenn man den ganzen Tag buckelt, kann man aufd Nacht keine Sexbombe sein.

OTTO Valangt ja keina, aba – *(er bemüht sich)* es gibt viel, womit man einen Mann verwöhnen kann.

HILDE Es gibt auch viel, womit man eine Frau verwöhnen kann.

OTTO Indem man sie in Ruh laßt.

HILDE Indem man sie respektiert.

OTTO *(ohne Bedauern)* Etz moga nimma.

HILDE Es muß ja ned heut sein, es lauft uns ja nix davon.

OTTO Des sagst du immer.

HILDE Dann mach zu und schiebs ned auf mich.

OTTO Damits endlich vorbei is, gell.

HILDE Des hab ich ned gsagt.

OTTO Aber denkt.

HILDE Ich denk nicht, weil ich müd bin.

OTTO Du denkst nicht, weilst kein guten Willen hast. *(Zu sich, wie zitierend)* Blast du mir einen? – Wo ich mir die Zähn schon putzt hab.

HILDE Spinnst du, des hab ich noch nie gsagt.

OTTO Aber tan auch ned.

HILDE Freile.

OTTO Vor hundert Jahr.

HILDE Sowas kann man ned erzwingen, des muß sich ergebn.

OTTO Ergibt sich aber nicht.

HILDE Heut nimmer.

OTTO Ebn.

HILDE Hab ich im Bad ned deutlich gsagt: mei bin ich heut müd, und Kreuzweh hab ich auch.

OTTO Des habi ned ghört.

HILDE Außerdem is heut Donnerstag, und der Freitag ghört zu unsere hartn Tag.

OTTO Okay. Finito. Schlaf gut. *(Er ist beleidigt.)*

HILDE *(kurze Pause)* Jetzt sei ned beleidigt.

OTTO *(dumpf)* I mechat amoi wieda hint eine, wia andere aa, wo machan mit ihra Frau, was woin.

HILDE *(redet ihm wie einem Kind zu)* Geh, vorn is doch so schön.

OTTO Des sogst du immer.

HILDE I wara heit ned afm Klo, isa ois zua.

OTTO *(kindisch)* Für mi is oiwei ois zua.

HILDE Mein Herz is ganz weit offn für dich.

OTTO Da scheiß ich drauf. *(Macht einen neuerlichen Versuch.)*

HILDE *(nach einiger Zeit)* Jetzt laß doch guad sei, er mog doch eh nimma, do kona i nix dafiar.

OTTO *(nicht grob)* Drecksau.

HILDE *(kameradschaftlich)* Liebe dich, auch wenn ich die Tonleiter ned dauernd nauf und nunter jaul.

OTTO Ja.

HILDE *(zufrieden)* Brav.

OTTO *(ist inzwischen auf dem Klo und wichst sich aus, dabei grimassiert er in den Spiegel.)*

HILDE *(ruft)* Was machstn noch?

OTTO Mir is ein Körndl von der Panier unter die Prothesn, des fisch ich heraus.

HILDE Warn ausgezeichnet, die Schweinsschnitzerl heut, gell!

OTTO Ja.

HILDE Gut Nacht!

OTTO Gut Nacht, ich komm gleich.

(Fängt das Sperma mit einem Tempo auf, trocknet penibel den Penis damit, wischt ein paar Tropfen von den türkisen Fußbodenfliesen; wirft das Tempo ins Klo, betätigt die Spülung, schnauft.)

2. Szene

Hilde und Otto vor ihrer Gärtnerei.

FRITZ *(einen kleinen Koffer in der Hand)* Grüß Gott beinand.

HILDE Grüß dich. *(Umarmt und küßt ihn.)*

OTTO *(packt seine Hand)* Grüß dich Fritz!

12

HILDE Jetz is er da. Schön, daßd da bist.

OTTO Daß du jetzt schon kommst, wir ham dich für später erwartet.

FRITZ Um siebene hams mich auslassn.

OTTO Hast an gscheitn Zug ghabt?

FRITZ An Schnellzug. Er hat nur einmal ghalten.

HILDE Mir ham dich schon erwartet. Dicker bist wordn.

OTTO *(schaut Fritz an, versucht den Witz)* Hat dir gut tan, der Urlaub.

FRITZ 8 Kilo hab ich zugnommen zuletzt. Fett bini.

OTTO Des wird die gute Verpflegung sein, die wos jetzt ham. *(Lacht)* Sei froh, die Galeerensträfling san ned fett wordn.

FRITZ *(lacht.)*

HILDE Is dir nix abgangen?

FRITZ Nicht daß ich wüßt.

OTTO *(haut ihm auf die Schulter)* Jetzt, wost wieder arbeiten tust, geht des runter.

FRITZ Dankschön, daßds mich aufnehmts, sonst stehert ich jetzt da.

OTTO *(nickt.)*

HILDE *(rasch)* Jetzt kommst herein, daßd herin bist.

FRITZ *(nimmt eine Tafel Schokolade aus der Tasche)* De habi für die Susi mitbracht.

HILDE Die is in der Schul. Mir ham ihr gsagt, daß du in Amerika warst und ein Heimweh ghabt hast. *(Blöd)* Damits nix rumredt.

OTTO *(lächelt)* Drum ißt dein Schokolad besser selber, weil in Amerika schaut er anders aus. *(Gibt ihm den Schoko zurück.)*

FRITZ *(nickt.)*

OTTO Die Welt hat sich verändert, seit du weg warst. Schaust dich um, was mir alles geleistet ham, während du in – Amerika warst.

HILDE So lang war er auch ned weg.

FRITZ Zwei Jahr und 93 Täg.

OTTO Wie der des weiß. *(Schaut ihn an)* Brav!

3. Szene

Einfach möbliertes Zimmer, alter Schrank mit großem Spiegel;
Fritz.

FRITZ *(räumt bedächtig seine Sachen in den leeren Schrank, im-*
mer wieder starrt er in den Spiegel, starrt sich an, grinst, macht
kleine Bewegungen, alles sehr kurz, kaum wahrnehmbar; da-
zwischen zu sich) Da die Socken ... untn. – Da die Hemdn ...
besser. Des ziehn mir nimmer an. – Für die Arbeit. Du da her.
– Genau. – Ned guad.

OTTO *(klopft, tritt ein)* Wie gehts, Fritz?

FRITZ Guad.

OTTO *(betrachtet den Schrank)* Wie der Spind, so der Soldat.

FRITZ *(lacht)* Barras. *(Nimmt eine Flasche aus dem Koffer)* Die
hab ich mitbracht.

OTTO *(lacht, zitiert)* »Im Asbach Uralt ist der Geist des Wei-
nes«. *(Schnell)* Und wo san die Medizinen?

FRITZ Alles da.

OTTO *(schaut)* Jetzt mußt sie bloß noch nehmen, gell!

FRITZ Nimmi.

OTTO *(schaut die Packungen an)* Die Ärzt werdn schon wissn,
was dir gut tut.

FRITZ *(offen)* Des is a übliche Bewährungsauflag, wenns oan
wia mich auslassn.

OTTO Aha.

FRITZ Da hams Angst, daßd es ned packst und durchdrahst.

OTTO *(schaut.)*

FRITZ Drum kriagd ma Beruhigungsmittel, dann bleibt ma ruhig fürn Anfang.

OTTO *(unsicher)* Triebhemmende Mittel, hat die Hilde gsagt,
muaßt nehma.

FRITZ *(nickt)* Des hoaßtma triebhemmende Mittel, genau.

OTTO *(schaut ihn an)* Ach so. *(Kleine Pause.)* Na nimms halt fleißig deine Mittel, damitst eine Ruh gibst.

FRITZ Genau.

4. Szene

Im Wohnzimmer, später Abend; Hilde, Otto und Fritz.

OTTO *(trinkt.)*

HILDE Wennst so weiter trinkst, Otto, kriegst an Rausch.

OTTO Wo er ihn mitbringt, trinkt man ihn ebn.

FRITZ Wiedersehn feiern, hab ich mir denkt.

OTTO Genau. Man muß die Feste feiern, wie sie fallen, prost.

HILDE Aber übertreibn muß man ned.

OTTO *(auftrumpfend)* Ein sorgendes Weib hat kein Unterleib.

HILDE Jetzt fangt er schon an. Morgen is wieder ein Tag.

OTTO Um viere gehts außer.

FRITZ Wennts mich weckts, bin ich da.

OTTO Wo du der Bruder von meiner Frau bist, hab ich mir denkt, geht uns des was an. Du kriegst 1000 Mark auf die Hand von mir und alles frei.

FRITZ De spare fia a Motorradl.

OTTO Brav.

HILDE Für den Anfang, Fritz, verstehst.

OTTO Wenn er eingearbeitet is, redn mir weiter. *(Kleine Pause.)* Praktisch gehört der ganze Friedhof mir. Früher oder später hättn mir sowieso noch jemand einstelln müssn.

HILDE Bevor man wen nimmt, wo man ned kennt, is so besser. Ein Familienbetrieb.

OTTO Wenn er herpaßt, von mir aus.

FRITZ Paß her.

OTTO Es kommt nur auf dich an. Weil der Entschluß war nicht leicht.

HILDE Glaubst, des weiß der Fritz ned.

FRITZ Ich weiß alles. Genau.

OTTO Ich will, daß eine Klarheit herrscht. Ohne Klarheit kennt man sich ned aus. *(Kleine Pause.)* Für meine Planungen brauch ich noch ein paar flinke Händ.

FRITZ De hobi.

OTTO *(lacht ihn an)* Aber ned so wie du meinst.

HILDE Hör auf.

OTTO Ein Spaß muß erlaubt sein. *(Ernster)* Schau: der normale Tote kriegt seinen normalen Kranz, den ich im Großhandel kauf, und da hau ich meine 40 Prozent drauf.

HILDE Des ein Fließbandgschäft.

OTTO Des macht keine Freud, außer dem Geld. Gott sei Dank gibt es aber auch Tote, die mehra verlanga. Nicht jeder will einen Kranz für 195 Mark incl. Mehrwertsteuer. Der Tote denkt sich: da schau her, im Lebn war ich bloß immer beim Bilka, und nicht einmal im Tod komm ich von der Stange runter. Der »Rose aus Holland« mußt doch gut zuredn, daß bei der Sargniederlegung überhaupt noch den Kopf obn hat. Das is doch nicht schön. Hast du meine neue Klimaanlag schon gsehn?

FRITZ Nein.

HILDE *(begeistert)* Fritz, das is wunderbar. Du druckst auf a Knöpferl, und am nächsten Tag hast du 350 Lilien, wie Gott sie nicht schöner schaffen kann. Oder du druckst nicht und hast keine 350 Lilien. Die warten, bis du sie ins Leben rufst. Die Klimaanlag hat 280000 Mark kost. Sterben, beispielsweise, morgen fünf Tote, bitteschön: über Nacht wird ihnen der Frühling gemacht. Und stirbt 14 Tag niemand, schalten wir auf Eiszeit. Du kannst Sommer, Herbst und Winter spielen, wie es das Herz, also der Markt, der Kunde, will.

OTTO Genau.

HILDE *(schwärmt hochdeutsch)* Eine gewisse Eingebundenheit in die Nachfrage muß sich auch die Natur gefallen lassen, da gehts ihr nicht besser wie den Menschen.

OTTO *(nickt)* Mir begleiten den Menschen auf seiner letzten Reise, sagt die Mitzi.

FRITZ Wer is die Mitzi?

OTTO Die Mitzi ist ein Genie.

HILDE Genau.

OTTO Die sagt, Herr Holdenrieder, wenn der Kunde einen Geschmack hat, dann soll er ihn auch kriegen. Sie schaut ihm in die Augen und ins Portefui. Die hat das praktische Auge, wie man sagt, für alles. *(Kleine Pause, er trinkt.)* Mit der Mitzi wirst du dich verstehn. Aber ned, wenn du dich vor sie hinstellst und − *(macht Bewegungen)* dann erschrickt sie, wennst ihr deinen Samenstengel so ungeschützt vor Augen führst.

HILDE Jetzt is er blau, ich hab es gwußt.

OTTO Was verstehst denn du vom Sex! *(Zu Fritz)* Wir sind ein zivilisiertes Volk. Trotzdem, von Mann zu Mann: schau sie dir an, die Mitzi.

HILDE Bsoffen bist. Das is das Problem. Ein Gärtner mit Leib und Seele, aber saufen tut er.

OTTO Meine Pflanzen verrecken auch, wenn sie nicht bewässert werden. Ich bin die Oberpflanze über meine Unterpflanzen.

HILDE Sei jetzt brav, Otto.

OTTO Genau. *(Feierlich zu Fritz)* Ich bin ein ehrlicher Mensch, Fritz, verstehst?

FRITZ I aa.

5. Szene

Im Treibhaus, Fritz und Mitzi; Fritz sitzt schwitzend auf einem Ballen Torfmull, schnauft.

MITZI *(schreit)* Herr Holdenrieder, kommen Sie her, Ihrem Bruder is schlecht. *(Zurück zu Fritz)* Tief atmen is das Wichtigste.

OTTO *(kommt)* Was is?

MITZI Da, Ihrem Bruder is schlecht.

OTTO Is nicht mein Bruder, mein Schwager is des. – Was hast?

FRITZ Keine Luft krieg ich.

MITZI Ein Kollaps vielleicht.

FRITZ Schluckn geht nicht.

OTTO Warum ned?

FRITZ *(am Hals)* Wie zu.

OTTO Mach den Mund auf und aaa.

FRITZ Aaaa.

OTTO *(schaut)* Mandeln wie Batzn, des san die Mandeln. Wirst was erwischt ham. Bist ebn jetzt überempfindlich wie die Weiber, geh hinein Fieber messn, dann wissn mir es.

MITZI Schmarrn. Zum Doktor geht er.

FRITZ Kein Doktor, weils des ned braucht.

OTTO Brauchst dir ned ind Hosn scheißn, Fritz, des schaukeln mir schon.

MITZI Ich tät zum Doktor gehn, wenn ich es wär.

OTTO Sind es aber nicht. *(Grinst)* Sinds froh, daß Sie es nicht sind, gell Fritz!

FRITZ Genau, keine Doktorn.

OTTO Gehst Fiebermessn. Mittlere Schublad in der Küch.

MITZI Ich tät gehn.

OTTO *(grinst)* Sie verstehn doch soviel von die Blumen, da brauchen Sie doch ned auch noch was von die Männern verstehn.

6. Szene

Schlafzimmer, helle Nacht; Hilde und Otto.

OTTO *(ehrlich unsicher)* Des san jetzt die Schwierigkeitn, wo auftauchn. Jetzt steht man da.

HILDE Wenn jemand eine Grippn kriegt, kann er nix dafür. Des hätt uns mit jedem andern Arbeiter auch passiern können, das gibt sich.

OTTO Das gibt sich nicht. Wirst es sehn, was ich jetzt sag. Das bleibt ihm, was der hat.

HILDE Man darf nicht gleich schwarzsehn.

OTTO Sowas hat Folgen auf den ganzen Menschn. Jetzt is der Organismus gestört.

HILDE Ich sag ja nicht, daß es keine Folgn hat. Man muß es nur einsehn.

OTTO Daß ausgerechnet mir dazu verurteilt sind, daß mir das aus der Näh erlebn müssn.

HILDE Wenn mir ihn nicht gnommen hättn, daß er eine Familie hat, hätt er sich vielleicht umbracht.

OTTO Is nicht das Schlechteste für so ein. *(Schaut Hilde an, schluckt, schämt sich, schnauft.)*

HILDE So darf man nicht über einen Menschn urteiln, noch dazu, wo es mein Bruder is.

OTTO Ich versteh überhaupt nicht, daß einer so eine Veranlagung hat, daß er so is.

HILDE Er hat nie jemand angegriffen und is nie tätlich gewesn.

OTTO Eine Hand braucht man ja schon zum – *(Bewegung.)*

HILDE Red nicht so, Otto.

OTTO Warum hams ihn immer wieder eingsperrt?

HILDE Weil er es nicht hat lassen können. Die Leidenschaft is immer wieder mit ihm durch.

OTTO Das is keine Leidenschaft, was der hat, das is unnormal.

HILDE *(fest)* Jetzt is er ein anderer Mensch, das muß man ihm immer vor Augen halten und mit gutem Beispiel vorangehn.

OTTO Jedenfalls is er gezeichnet. Sowas geht am Menschen

nicht spurlos vorbei. *(Kurze Pause.)* Stell dir vor, ich *(kurze Pause)* geh an eine Straßenkreuzung und *(tut was in der Luft)* dann geh ich wieder heim. *(Kurze Pause.)* Glaubst, daß du mich noch erkennst?

HILDE Warum denn nicht.

OTTO *(innig)* Äußerlich, blöde Gans, aber innen! Was glaubst, was in dem vorgeht, wo er jeden Tag ein Pfund Beruhigungspilln fressn muß, damit er eine Ruh gibt.

HILDE Die sind bloß gegen die Männlichkeit.

OTTO Brav. *(Starrt Hilde böse an.)*

HILDE Jetzt schlafn mir, gut Nacht.

OTTO Was er jetzt wohl macht?

HILDE Was soll er denn machen, krank sein und schlafn.

OTTO Krank sein und — wichs, wichs, wichs. *(Lacht leise.)*

HILDE Der schlaft genauso ruhig und fest wie die Susi, das garantier ich dir.

OTTO Wer weiß. Vielleicht seh ich nur die Wirklichkeit, die uns umgibt. *(Kurze Pause.)* Gute Nacht.

7. Szene

Fritz' Zimmer, Tag; Otto starrt Fritz an. Hilde.

OTTO Mir ham es überlegt, du mußt zu die Ärzt, wo dich kennen, untersuchn lassn, was dir fehlt, Fritz.

FRITZ Des is eine Grippn.

OTTO Bei dir weiß man nix, da kann es alles sein.

FRITZ Des is a Grippn, wo weggeht.

OTTO *(laut)* Des sagst du.

HILDE Ich glaub es.

OTTO Ich auch, aber glaubn heißt nix wissn. *(Intimer)* Wennst überlegst, was das für Schwierigkeiten sind, wenn irgendwas mit dir is.

FRITZ Glaubst, ich verreck wegn einer Grippn?

OTTO Er laßt sich nix sagn.

HILDE Das is die Verantwortung, Fritz, die der Otto meint.

OTTO Genau.

FRITZ Morgen bin ich wieder auf die Füß.

HILDE Laß man halt noch ein bißl.

OTTO Ein Kranker braucht eine Pflege, und es geht nicht, daß er den ganzn Tag hier liegt. *(Kurze Pause.)* Mir ham eine Arbeit und sind keine Kranknstation.

FRITZ Brauchts euch nicht kümmern, selbst ist der Mann.

HILDE So hat es der Otto nicht gemeint. Er macht sich nur Sorgn.

OTTO Genau. Wo mir in der Woch 8 Beerdigungen ham.

FRITZ Morgn bin ich wieder dabei.

HILDE Brav.

OTTO *(starrt Hilde feindselig an, nickt, geht ab.)*

FRITZ Er mag mich nicht, gell.

HILDE Er macht sich immer Sorgn.

FRITZ Ich mag ihn schon.

HILDE Mir mögn uns doch alle, oder?

FRITZ *(lächelt, nickt.)*

Zweiter Akt

1. Szene

Auf dem Friedhof, Grab, Kränze; Hilde und Otto. Man sieht, daß sie gut zusammenarbeiten, auch wenn sie streiten.

HILDE Gsund is er wieder, jetzt hör auf.

OTTO Aber die rotn Fleck san bliebn.

HILDE Pickel san des, die hat er schon ghabt, wie er kommen is.

OTTO Mir sans erst jetzt aufgfallen.

HILDE Mir ned.

(Sie arbeiten weiter.)

OTTO Also gut, einigen wir uns: Pickel sind es. *(Schaut sie an)* Warum hat er Pickel?

HILDE Mei.

OTTO Nix mei. Pickel hat er und ist doch im Mannesalter.

HILDE Die Susi hat auch Pickel.

OTTO Weils ein Kind is, weils in die Pubertät kommt. Is dein Bruder vielleicht in der Pubertät?

HILDE Geistig vielleicht. Mit so einer Veranlagung kann einer doch ein bißl zruckbliebn sein.

OTTO Zruckbliebn is so einer freilich. *(Laut)* Aber so zruckbliebm is er ned. Das is unnormal, daß der Pickel hat, das sag ich dir.

HILDE Ned so laut.

OTTO Da is weit und breit niemand. Und die Toten hören nicht zu. *(Kleine Pause.)* Wer weiß, was der noch alles hat.

HILDE Spinnst du?

OTTO *(hochdeutsch)* Ich frage nur: Was für Pickel sind es? Und ich antworte: Ich bin ein denkender Mensch, Hilde, find dich damit ab. *(Kurze Pause.)* Er hat eine Grippn ghabt. Wer noch? Du nicht, ich nicht, sogar die Susi, wo alles aus der Schul heimbringt, hats nicht ghabt. Nur er. Aber ich spinn. *(Kurze Pause.)* Bis bum macht, dann is es zu spät.

HILDE Was soll denn bum machen?

OTTO Er sperrt das Bad immer zu, wenn er drin is.

HILDE Warum denn ned?

OTTO Isoliert betrachtet is das löblich – aber speziell jetzt is schlecht. Weil, hab ich mir denkt, wenn er sich die Zähn putzt, das tut er nämlich, da hat er eine löbliche Sauberkeit vom Knast mitkriegt – also wenn er – *(Er markiert die Zahnputzbewegungen.)* dann spuckt er doch in unser Lavoir, *(schnauft, nickt)* und da tät ich gern wissn: Ist die Spucke rot, hat er Zahnfleischblutn?

HILDE *(praktisch)* Du hast die Teilprothesn. Der Fritz und ich ham noch alle Zähn.

OTTO Die hat keine Ahnung, die Frau. Wenn er eine Prothesn hätt, hätt er kein Zahnfleischblutn oder sehr seltn, höchstens wenn was Hartes zwischn Gaumen und Prothesn, aber dann *(macht eine Bewegung)* – und heraußn is es.

HILDE Spinnst du?

OTTO Er hat Pickel, aber ich spinn. Er war im Knast, aber ich spinn. Er muß Pilln fressn, aber ich spinn. *(Starrt sie an)* Meinst du, daß so ein Leben ungestraft vergeht? Dankbar sollst sein, daßd einen denkenden Menschn an deiner Seitn hast.

HILDE *(schnauft, leise und ehrlich)* Mein Bruder hat sein ganzes Leben lang bloß immer sooo gmacht *(Bewegungen)* – wie soll so einer sich denn ansteckn, wenn er sooo macht? Denk doch einmal nach, wennst schon sooo gscheit bist.

OTTO Was machstn du da?

HILDE Na halt – weißt scho.

OTTO Was machstn du da für Sauereien? *(Äfft sie nach)* Was soll denn des! Ja schau dich doch an. Hättst du jemals vor deinem Mann und mitten in der Öffentlichkeit sooo gmacht, bevor der bei uns einzogn is?

HILDE Ich wollt es dir doch bloß bildlich erklärn.

OTTO Ich verzicht auf deine bildlichen Erklärungen, wenn das dazu führt, daß meine Frau sooo macht!

2. Szene

Im Treibhaus, heiß und hell; Fritz und Mitzi. Fritz beim Arbeiten, Mitzi starrt ihn an.

MITZI Das hab ich Ihnen besorgt, wie ich versprochn hab, den Prospekt vom Arbeitsamt. *(Liest die Überschrift)* Das können Sie für Ihre Zukunft tun.

FRITZ *(nickt.)*

MITZI In der Fortbildung liegt die Zukunft. *(Liest)* Wenn Sie einen Beruf haben, der keine besondere Ausbildung voraussetzt, können Sie durch betriebliche Weiterbildung in eine qualifizierte Tätigkeit aufsteigen. Seite 4 bis 7. *(Sie blättert.)* Herr D. war bisher als Bauhelfer tätig. Er nahm an einem zwölfwöchigen Lehrgang für Baumaschinen teil. Vom Arbeitsamt erhielt er für diese Zeit ein Unterhaltsgeld, das in seinem Fall 90 Prozent seines Nettolohnes betrug. Heute arbeitet er als Baggerführer.

FRITZ Möglichkeiten gibts schon, des is klar.

MITZI Man muß nur die Fühler ausstreckn.

FRITZ Des kommt schon noch, des is bloß der Anfang.

MITZI *(nickt)* Da können Sie ruhig mit offene Kartn mit mir reden, weil daß Sie nicht bloß eine Grippn ghabt ham, sondern im Gefängnis waren, weiß ich schon.

FRITZ Des können Sie gar nicht wissn.

MITZI Glaubens, ich bin blind.

FRITZ *(bös)* Dann wissn Sie es halt. Des interessiert mich einen Scheißdreck, was andre über mich wissn, ich weiß mir selber genug.

MITZI So mein ich es nicht. Aber ich denk mir, wenn man nix tut, wird man auch nicht eingesperrt. Und wenn man nix weiß, dann malt man sich was Schlimmeres aus, als wirklich gewesn is.

FRITZ Des is mir wurscht.

MITZI Sie nehmen alles negativ. *(Kurze Pause.)* Wie ich Sie zum ersten Mal gsehn hab, hab ich mir denkt, des is a netter Mensch.

FRITZ Dankschön, daß mirn Prospekt mitbracht ham.

MITZI Vielleicht tätn Sie auch ein Urlaub brauchn, Luftveränderung kann Wunder wirken. Beim Amtlich Bayrischen Reisebüro gibts eine Woch Costa del Sol mit Flug und Vollpension für 600 Mark.

FRITZ 600 Mark is ned viel.

MITZI Ich hab daheim einen Prospekt, da stehn die ganzen Reisen drin, das kann ich Ihnen morgen mitbringen, wenns brav sind. *(Lächelt.)*

FRITZ *(schaut.)*

3. Szene

*In den Ehebetten; Otto und Hilde. Otto mit einer Illustrierten,
Hilde starrt ihn an.*

OTTO *(liest)* Ich heiße Elke. Ich bin 22. Nur mein Arzt weiß es.
Ich weine jetzt sehr oft. *(Schaut zu Hilde)* Ich habe mich in
Spanien angesteckt.

HILDE *(leise)* Mein Bruder war ned in Spanien.

OTTO *(liest weiter)* Der Hautausschlag kam sieben Monate später. Sieben Monate nach meinem Abenteuer mit Pedro. Ein
schöner Junge. Ich traf ihn an der Costa del Sol. Ich hätte ihn
längst vergessen, aber dann kam der merkwürdige Ausschlag.
(Er blättert um.) Ich heiße Dieter. Ich bin 31. Ich habe mich in
Kenia angesteckt.

HILDE Mein Bruder war ned in Kenia.

OTTO *(liest)* Ich fuhr mit Freunden. Die Mädchen waren nett.
Meine Frau wird mir nie verzeihen. Aber sie will mir helfen.
Ich bereue, doch was nutzt das schon. *(Otto schaut Hilde an.)*
Und so weiter auf der Hühnerleiter. *(Liest weiter)* Ich heiße
Detlev. Ich habe mich im Gefängnis angesteckt. Im Gefängnis
ist man allein. Einmal wurde ich schwach. Jetzt habe ich es.
Nur wer im Gefängnis war, weiß, was in mir vorgeht.

HILDE *(erschöpft)* Mein Bruder is ned schwul.

OTTO Hast ein Vertraun zu ihm.

HILDE Ja. *(Erschöpft)* Ich habs dir doch schon erklärt.

OTTO Ich weiß, wichs wichs wichs. Aber vielleicht sind seine
Sexpfade verschlungener, als wir denken.

HILDE Wieso.

OTTO *(böse)* Gut Nacht, oder fallt dir noch was ein, was dir
fehlt?

HILDE *(starrt ihn an.)*

4. Szene

Im Paddelboot, heißer Tag; Fritz und Mitzi. Mitzi bedrängt Fritz.

MITZI Aber in der Liebe bist ein Bsonderer. Hab ich da recht, wenn ich das behaupt?

FRITZ Nix wie Fragn hast.

MITZI Aufdrängen tu ich mich nicht, weil ich das nicht nötig hab.

FRITZ *(schaut.)*

MITZI Aber ein Warmer bist keiner.

FRITZ Bestimmt ned.

MITZI *(bedrängt ihn)* Was bistn dann?

FRITZ Was willstn, daß ich bin?

MITZI Was weiß denn ich?

FRITZ *(schnell)* Ein Sadist bin ich. Jetzt weißt es, jetzt gibst eine Ruh.

MITZI *(langsam)* Dann hab ich einen Bericht glesen, über die Sadistn, in der Quick. Das tät ich nicht machen, weil ich das ned mag.

FRITZ Wer mag das schon und tut es trotzdem.

MITZI Wie hast es gmacht, wennst es gmacht hast?

FRITZ Was stehtn in der Quick?

MITZI Daß mit Peitschn auf ein einschlagn, und wenn sie das Blut sehen, können sie den Verkehr ausübn.

FRITZ Des kenn ich.

MITZI Hast des auch gmacht?

FRITZ Freilich, warum denn ned.

MITZI *(langsam)* Man kann schon was tun, für wen, der wo einen interessiert. Aber des geht zu weit, denk ich.

FRITZ *(fröhlich)* Zuerst ham sie sich ausziehen müssn, und dann hab ich sie gstochn.

MITZI Mit was hast sie gstochn?

FRITZ Mit einer Stecknadl.

MITZI Wo?

FRITZ In Bauch und in Busn.

MITZI Wie tief hast gstochn?

FRITZ Bis daß das Blut kommen is.

MITZI *(nickt, schluckt)* Und dann?

FRITZ Dann hab ich das Blut aufgschleckt, und dann is mir kommen. *(Kleine Pause.)* So is des gwesn, jetzt weißt es.

MITZI Und deswegn hams dich einkastelt.

FRITZ *(erleichtert)* Genau.

MITZI Denkt hab ich mir schon so etwas, aber gedacht hätt ich es mir nicht von dir.

FRITZ *(leicht)* Ach wie gut, daß niemand weiß, daß ich Rumpelstilzchen heiß. Heute back ich, morgen brau ich, und übermorgen schlitz ich der Königin ihr Kind. *(Lacht übermäßig darüber.)*

MITZI *(interessiert)* Ich glaub, daß man mit dir eine Geduld habn müßt.

FRITZ Des kann lang dauern.

MITZI Wennst nicht sadistisch sein darfst, dann kannst nicht, oder?

FRITZ Ich soll mich enthaltn, sonst könnt es wieder losgehn, daß ich mich nicht mehr beherrschn kann.

MITZI Und wennst dich nicht beherrschn kannst?

FRITZ Dann is schlimm.

MITZI Weil ich dann blutn muß?

FRITZ Ja, dann mußt blutn.

MITZI Bist deswegn eingsperrt gwesn?

FRITZ *(fröhlich)* Genau, ritsche ratsche.

MITZI Ich glaub, an das Blutn kann man sich nicht gewöhnen, auch wenn man einen gutn Willn hat.

FRITZ Da soll man sich ja auch nicht dran gewöhnen, das is ja das Geheimnis dran.

MITZI *(neugierig)* So einer wie du is mir noch nie begegnet.

FRITZ *(kindlich)* Mir auch ned.

5. Szene

Auf dem Friedhof, an einem Grab beim Tag- und Nachtschatten-Einsetzen. Otto treibt es, Hilde mag nicht mitgetrieben sein.

OTTO Verfolgen wir einmal den Weg von seim Sperma, *(lacht)* seine kaltn Bauern durch unser Haus.

HILDE *(schaut.)*

OTTO Es überkommt ihn, wo er geht und steht, wenn er seine Plln vergißt, was menschlich is, und dann gehts schnell, wenns einen druckt, in Sekundenschnelle kann des gehn.

HILDE Aha.

OTTO *(ungestört)* Ja, des kann schnell gehen. Zwischen Tür und Angel macht ers, wo er geht und steht – und jetzt wirds brenzlig. Hat er ein Tempo zur Hand? Wenn ja, schmeißt er dasselbe sofort weg. Wenn ja, wohin schmeißt er es? Schmeißt er es so weg, daß wirklich weg is? Ich vermute, er hat kein Tempo zur Hand, sondern er schmiert es, wo er geht und steht, an die nägstbeste Wand, Sofa, Vorhang. *(Schnauft)* Und da sans jetzt die kalten Bauern und warten, bis wer Geeigneter vorbei kommt und hinlangt. Die Susi zum Beispiel. Wenn sie vom Spielen nur einen Kratzer hat. Koide Bauern, Kratzer, bum. Das Unglück läuft seinen Lauf. Wer weiß, wie oft so einer kann, sonst tät er doch keine Mittel dagegn fressn müssn. Stell dir vor, ein Richter sagt: Sie müssn Mittel nehmen, damits ned die ganze Welt durchnander bringen mit ihrer Sexualität. Wer weiß, wo der schon überall seine Spurn hinterlassn hat. *(Schaut Hilde an)* Jetzt bist du dran.

HILDE *(sich raushaltend, sachlich)* Ich hab glesen, wenn das Virus mit Luft zam kommt, stirbt es ab.

OTTO *(lacht)* Des wär des erste, des mit Luft abstirbt. Wer stirbt denn ab, wenn er Luft kriegt. *(Lacht.)*

HILDE *(ernst, logisch)* Otto, mein Bruder hat sich bisher nix zuschuldn kommen lassn bei uns, außer daß er 5 Tag krank war. Und er hat gnua aufm Buckl. Mach du es nicht schlimmer, als es is.

OTTO *(schaut, nickt)* Man soll dem Menschn das Denkn nicht verbietn, sonst wird er zum Tier. *(Gestört)* Und ich denks mir so: wenn es unsereins überkommt, dann hat man normalerweise ein *(dehnt das Wort)* Gefäß. Man macht doch ned in der freien Natur, Wohnung, Heimstätte, man *(schluckt)* paßt doch auf. Das is doch ned wie bei die Kater, daß die, wo sie gehn und stehn und des stinkt dann, drum werdn ja so viele Kater kastriert. Dein Bruder is ned kastriert, aber er muß triebhemmende Mittel fressn. *(Ehrlich)* Ja, muß denn ich triebhemmende Mittel fressn, ha?

HILDE Nein, du ned.

OTTO *(schaut, schluckt)* Weil ich ein normaler Mensch bin. Genau. *(Erschöpft, irr)* Die Kater jedenfalls tuns an jedem Eck. Die können dauernd. Also ned des Bisi, sondern as Bäbä.

HILDE Bin ich das Gefäß für dein Bäbä?

OTTO *(starrt sie an)* Mir tut alles, was ich sag, leid, wenn es nicht stimmt. Aber Hilde, dein Mann denkt.

HILDE Brav.

6. Szene

Bei Mitzi daheim. Sie mit Strickzeug. Fritz auf dem Sofa. Er starrt sie an. Je mehr sie aus sich rausgeht, um so mehr kriecht er in sich rein. Beide füreinander unerreichbar.

MITZI *(animiert)* Stich. Stich halt amal. *(Starrt ihn an)* Stich schon. *(Mit Schwung)* Komm, stechn sollst! *(Wilder)* Stich! *(Eher verzweifelt)* Stich schon! Herrgott, stich halt amal. *(Seufzt, schaut, stürzt sich auf ihn.)*

FRITZ *(hilflos ausweichend)* Ich brauch nix, wo das Sexuelle eine Rolle spielt.

MITZI *(fordernd)* Stechn sollst.

FRITZ *(verzweifelt)* Ich darf nicht stechn, sonst muß ich wieder in Knast.

MITZI *(wild)* Wenn ich dem Richter sag, daß er gstochn hat, weil ich es wolln hab?

FRITZ *(klein)* Das will niemand.

MITZI Probiern geht über studiern. *(Laut, wild)* Stechn sollst.

FRITZ *(angstvoll, verzweifelt)* Laß mich in Ruh!

MITZI Stich endlich, du Depp. *(Hilflos und tief verzweifelt)* Stechn sollst.

FRITZ *(starrt.)*

MITZI *(kleine Pause, sie schnauft.)* Du bist doch des blödeste Arschloch, wo mir begegnet is.

FRITZ *(hilflos, weicht zurück)* Bist du a wuide Sau, da kons oam ja grausn.

MITZI *(anderer Ton)* Des sagst du zu mir?

FRITZ Wenns wahr is, i mog ned stecha.

MITZI Du bist ja zfeig zu deim eigenen Sadismus. *(Starrt ihn an, mit Haß)* Bist ein ganz ein Braver, gell! Naus aus meiner Wohnung jetzt, bevor ich dich anzeig.

FRITZ *(schreit)* Warum?

MITZI Glaubst, daß bei eim wie dir ein warum braucht?

FRITZ *(hilflos, schlägt sie.)*

MITZI *(schüttelt sich, hektisch)* Siehst, so schnell gäds, etz hobi a warum.

FRITZ *(starrt sie an, verzweifelt, will weg.)*

MITZI *(packt ihn)* Da bleibst und wartst, bis sie dich holn. *(Grinst)* Oda du bist brav! *(Will ihm an den Schwanz.)*

FRITZ *(will sich losreißn, kann nicht, schlägt.)*

MITZI *(läßt sich nicht abschütteln)* Etz gehts los, gell!

FRITZ Spinnst du, laß mir mei Ruah, Matz!

MITZI *(erregt)* Da muaßma durch bei dir, gell! Laß nur außer! Gibma dei Bosheit, i halts aus. Hau die Matz. *(Kämpft um ihn.)*

FRITZ *(schlägt sie hilflos nieder)* Spinnst du, hör auf, i ko di doch ned daschlagn, mei Schwanz is da meine, peng, peng, peng.

MITZI *(am Boden, leise, kaputt)* Dir muß man bloß dagegn halten, gell, des bist ned gwohnt, a Frau wo Kraft hat und was aushalt für die Liebe. Gfallts dir? Schaug wire ausschaug! Nach Blut und Schläge hobe etz die Liebe verdient, oder? Gschlong is gnua, liebe mich jetzt, *(mit etwas Schwung)* rammel mi nieda, bitte, auf gäds bitte!

FRITZ *(starrt sie an wie einen Horrorfilm.)*

MITZI *(still)* Nachm Sadismus kimmt doch die Liebe.

FRITZ *(kaputt)* Nachm Sadismus kimmt der Tod, wennst etzan koa Ruah gibst.

MITZI Des glabi ned. Bloß neischlagn gäd ned, etz hab ich mir die Liebe verdient. Hörst, Liebe hab ich gsagt, etz krieg ich die gleiche Portion Liebe wost mir Schläg gebn hast, des is bloß gerecht. Eine gelernte Floristin schlagtma ned ungestraft blutig. Ich sags dir im guten, *(erledigt)* Liebe, oda ich ruf die Polizei, Liebe!

FRITZ *(starrt, löst sich, irr, rennt, wie überfallen, weg.)*

MITZI *(total erledigt)* Liebe sag ich, Liebe. Liebe. Liebe. Liebe. Liebe. Liebe. Liebe. Liebe. Liebe. Liebe. Liebe. *(Das kann lang dauern.)*

7. Szene

Einfahrt der Gärtnerei. Otto sieht Fritz und Mitzi kommen.

FRITZ *(weil Otto schaut)* Bin mitm Moped gstürzt.

OTTO Und die Mitzi?

FRITZ Is dabeigwesn.

OTTO *(starrt sie an)* Sehr interessant.

MITZI *(spitz)* Kann doch passiern, oder?

OTTO *(nickt, zu Fritz)* Hast von Handbetrieb auf Partnerschaft umgstellt, ha?

FRITZ Mir wolltn ins Kino.

MITZI Blöd anredn brauchens uns nicht, Herr Holdenrieder. Sinds froh, daß man so, wie man ausschaut, überhaupt zur Arbeit kommt.

OTTO Sie haben den Schnabel auch immer offen, gell, seit neuestem.

MITZI Warum nicht.

OTTO Ebn. *(Schaut beide an)* Erstaunlich, erstaunlich. *(Grinst und geht ab.)*

8. Szene

Im Bett in der Nacht, Hilde und Otto. Otto starrt immer wieder erregt auf Hilde.

OTTO Etz sagst nix mehr, gell.

HILDE Wenns mitm Moped gstürzt sind.

OTTO *(grinst)* Des Moped hat nicht einen Kratzer. *(Kurze Pause.)* So wie der die zamgrammelt hat, schaus dir doch an, hab ich dich jemals – ja schaun denn mir so aus nach der Liebe?

HILDE Nein.

OTTO *(eher anerkennend)* Dein Bruder wird mir immer mehr zum Phänomen.

HILDE Ich kenn ihn nur – anders.

OTTO Jaja, aber er macht Ausnahmen, scheints. *(Fast sehnsüchtig)* Wenn ich ihn anzeign tät mit der Gschicht, da tät er aber schaun.

HILDE *(schaut.)*

OTTO *(wissenschaftlich)* Weil daß er mit ihr gschlafn hat, is für mich so sicher wie das Amen im Gebet. Wenn er mit ihr schlaft, dann nimmt er seine Pilln ned, und wenn er seine Pilln ned nimmt, dann versäumt er seine Bewährungsauflag, und wenn er seine Bewährungsauflag versäumt, dann muß er wieder hinein.

HILDE *(ehrlich)* Je mehr du redst, Otto, um so mehr graust du mir.

OTTO Einer muß die Dreckarbeit machn. *(Kleine Pause.)* Ich zeig ihn sowieso ned an. Ich red ja nur. Aber wenn er seine Pilln wirklich ned nimmt, schau die Mitzi an. *(Heiß)* Überwachn müßt man des. Die müßt er nehmen, wenn ich dabei bin und zuschau, bis wirklich untn sind.

HILDE Schmarrn.

OTTO Solang er ned kastriert is, is er ein Mensch wie du und ich, und das is gefährlich. *(Kurze Pause.)* Und sogar eine Kastration is ned hundertprozentig. Die Natur! Bei die Schweine gibts des. Da kommt der Sauschneider und schlitzt den Sack auf, daß die Hodn außer falln. Und da gibt es Schweine, die tun nicht, was der Metzger will. Die ziehn die Hodn klammheimlich in den Bauch zurück, verstehst *(grinst)* und versteckn ihre Männlichkeit. Dann is das Fleisch verdorbn. Es gibt sogar einen Fachausdruck dafür, so oft kann des passiern.

HILDE *(schaut.)*

OTTO *(nickt)* Solche männlichen Schweine, wo sich der Kastration durch Selbsterhaltung widersetzn, nennt man Nusser. Weil das Fleisch hart is und bitter.

HILDE Mei Bruada is doch koa Sau.

OTTO *(fiebrig, fast zitternd)* Jaja, drum überleg ich ja bloß.

9. Szene

In der Wirtshaustoilette; Otto und Fritz beim Pissen. Otto starrt auf Fritz.

OTTO Das treibt, das Bier.

FRITZ Genau.

OTTO Aber unter den Tisch tät ich dich glatt hinuntersaufn. Ich hab vier Maß und du bloß eine.

FRITZ Ich soll ned soviel trinkn.

OTTO Zu deine *(lacht, bewegt sich)* Appetitzügler wirds ned passn, des Bier.

FRITZ Genau.

OTTO Mir machts nix aus.

FRITZ Ich halt mich an des, was die Ärzt sagn.

OTTO Wenn man einmal mit die Doktern anfangen muß, is eh nix mehr.

FRITZ Wo ich nicht krank bin, is des was anders.

OTTO *(schaut ihn an)* Ich glaub, daß ich mich umbringen tät, wenns mir so gehn tät wie dir.

FRITZ *(starr)* Man darf die Flintn ned ins Korn schmeißn.

OTTO *(lügt und grinst)* Ich denk mir, das is wie gelähmt.

FRITZ *(hat ausgebieselt, will sein Hosntürl zumachen.)*

OTTO Jetzt sei ned gschamig, laß einmal schaun. Wo man alles mitmacht, wird man es auch einmal anschaun dürfn.

FRITZ Schaust ebn, wennst willst. *(Läßt Otto sein Genital anschauen.)*

OTTO *(schaut)* Ganz normal.

FRITZ *(nickt.)*

OTTO Weil ich gmeint hab, daß er eingeht mit die vielen Medizinen. Und klein is wie bei die kleinen Kinder. *(Schaut)* Klein is er nicht.

FRITZ Is wie immer.

OTTO So. *(Kleine Pause.)* Obst sie auch regelmäßig nimmst, deine Pilln, wie die Weiber?

FRITZ Nimm i.

OTTO *(nickt und lügt)* Aber tauschn tät ich trotzdem nicht. *(Schnell)* Und gegn Aids gibts noch keine Medikamente, oder?

FRITZ *(schaut.)*

OTTO *(schnell)* War nur ein Gspaß.

FRITZ *(breit)* Am Knastologn wia mir kosd aso ned kumma.

OTTO *(blöd)* Wia kummi denn.

FRITZ *(gutmütig)* I hob mehra Tests wia de meistn. Des san Reihenuntersuchunga im Knast. Host du no nia an Aids-Test gmacht.

OTTO Warum denn i?

FRITZ *(grinst)* Bist du aso brav?

OTTO *(perplex)* Nana, freile bin i ned brav.

FRITZ Ebn, wer is scho brav?

OTTO *(starrt ihn an.)*

10. Szene

Im Biergarten mit zuviel Bier. Spät.

MITZI Wir sollten jetzt heimgehen, Frau Holdenrieder. Des wär besser.

HILDE Sagen Sie es ihm, vielleicht haben Sie mehr Einfluß.

MITZI *(leise)* Des is ja ned schlimm, die paar Bierln, aber wenns noch schlimmer wird, des wär schlecht.

OTTO Was wird da geflüstert?

MITZI *(tapfer)* Wir möchten jetzt heim, Herr Holdenrieder.

OTTO Mein Bier trink ich noch aus. *(Zu Fritz)* Prost.

FRITZ *(unsicher)* Prost.

OTTO *(blau, blöd)* Wenn man sich auszieht, is man nackert.

HILDE Genau. *(Kurze Pause. Scharf)* Mir wolln jetzt heim.

OTTO Wennts ihr gesehn hätts, was ich gesehn hab. *(Bedeutungsvoll)* Alle Achtung! Wie die Nase des Mannes, so sein Johannes, gell Fritz. Aber Ihnen erzähl ich da nix Neues, gell Mitzi, Sie kennen die Details.

MITZI *(spitz)* Wie bitte?

OTTO Und die Lust kann ohne Reue vorgenommen werden, weil der Herr hat einen nagelneuen Aids-Test. Also nicht er kann uns anstecken, sondern höchstens wir ihn.

FRITZ *(peinlich zu Hilde)* Sag halt was!

OTTO Ja sagts mir was, was ich noch nicht weiß.

HILDE Bsoffen bist wieder, dei alte Krankheit. Gib mir die Autoschlüssel.

OTTO Mein Auto und wer mitfahren will, soll sich melden.

HILDE Das Auto ghört zur Hälfte mir.

OTTO Das Auto ghört zur Hälfte ihr, und das Gschäft auch. Alles ghört zur Hälfte ihr. Drum ghört sie auch bloß zur Hälfte *(Handbewegung)* mir.

MITZI Des wolln mir doch gar ned wissen, Herr Holdenrieder. *(Rutscht zu Fritz)* Sagn Sie doch was. Sie sind doch auch ein Mann.

OTTO Jawoll, das is ein Mann und was für einer. *(Zu Mitzi)* Täts mich auch lassen, Mitzi, wenns den Fritz nicht hätten, *(grinst)* die Bestie ohne Gitter.

FRITZ *(verlegen)* Bestie ohne Gitter is guad.

OTTO *(die Hand zwischen Mitzis Schenkeln)* Antwort! Täts mich auch lassn, einen normalen Menschen von Mann, wenn er sich nicht vorgedrängt hätt.

MITZI *(schaut zu Hilde)* Herr Holdenrieder, Sie gehen zu weit.

FRITZ *(schnell)* Nimm die Hand da weg.

OTTO *(wild)* Danke für den Hinweis, aber in meiner Firma bin immer noch ich da Chef. *(Fummelt weiter an Mitzi rum.)*

FRITZ *(zu Hilde)* I ko nix dafür.

HILDE Bsoffen is er wieder, der gspinnerte alte Bock.

OTTO Was bin ich?

HILDE Ein gspinnerter, alter Bock.

OTTO Das sagst du nicht in der Öffentlichkeit.

HILDE Wo soll denn da eine Öffentlichkeit sein, wenn mir die letzten Gäst sind.

OTTO *(geheimnisvoll blöd)* Wer weiß, ob die Bäume nicht Ohren haben. *(Zu Mitzi)* Wenn mei Alte nicht wär, dann tät ich noch ein Mann sein. So wie der Fritz, der tut, was er muß, und wenn er dafür in Knast geht. *(Begeistert)* Aber es laßt sich sei Männlichkeit nicht nehmen. Ned amal mit die *(Fickbewegungen)* Appetitzügler. *(Wild)* Ein Mann weiß immer einen Ausweg, gell, Fritzemann! Der hat seine Natur. Und die Frau halt hin, weils weiß, einem richtigen Mann kann man nicht entkommen, sonst passiert was Schlimmers. *(Schnauft, starrt Hilde an)* Wenn man verheirat is, vergeht eim als erstes die Natur.

MITZI *(zu Hilde)* Also wenns jetzt noch schlimmer wird, dann is ganz schlecht.

FRITZ *(flehend fast)* Sei doch brav, Otto, des bringt doch nix.

HILDE *(verzweifelt)* Laßts ihn doch, is doch mein Mann, laßts ihn doch reden.

OTTO Genau, wer Ohren hat, der höre: Du riechst nach Friedhof und Sparkass. *(Wild, verzweifelt)* Nach Friedhof und Sparkass. *(Schnappt nach Luft)* Fritz, hör zu!

FRITZ *(hilflos, fertig)* Gib halt eine Ruh, Otto, seids doch verheirat. *(Laut)* Sei brav.

HILDE *(mit Mut)* Otto, wegen dem letztn Bißl, was uns noch verbindet, hör auf den Fritz und gib mir den Autoschlüssel.

OTTO Was verbindet uns denn noch? Die Verzweiflung.

HILDE *(starrt ihn an.)*

OTTO Sie schweigt, weil sie schuldig is.

MITZI Sie schweigt, weils nimmer kann, Herr Holdenrieder.

OTTO Die kann schon noch, die kenn ich besser.

FRITZ Otto, wirkle, laß mas guad sei. *(Verzweifelt)* Etz langts.

OTTO Mir langts scho lang. *(Zu Hilde, wild)* Was tust denn du
anders, als auf deim fettn Arsch liegen und es über dich er-
gehn lassn. Einmal in der Woch muß ich, zweimal darf ich,
wenn ich brav bin, und der Rest is Vergangenheit. *(Schnauft,
schwitzt, verzweifelt)* Du magst doch grad noch mich demütigen. Für hint isa zu groß, für vorn isa zu klein. *(Wild)* Wann
gibst du dich denn hin, ohne jedes Hintertürl, *(verzweifelt)*
weilst nicht anders kannst.

MITZI *(zu Fritz eher)* Und wenn man sich gibt, dann macht man
es auch nicht recht.

OTTO *(läßt sich nicht drausbringen, zu Hilde)* Neinnein, so fad
wie das Vögeln mit der da ist mir nicht einmal das Scheißn,
da hab ich wenigstens die Süddeutsche dabei.

MITZI O mein Gott!

FRITZ *(hilflos, fast weinend)* Mit euch muß man sich ja schämen.

OTTO Du brauchst dich doch nicht schämen, du kannst dich
doch sehn lassn, dagegen *(schaut an sich hinunter)* bist du
doch bloß ein armes Verreggerl. *(Holt seinen Schwanz raus,
starrt ihn an, starrt Hilde an)* Des kummt von ihr!

FRITZ Des gäd ned, Otto. *(Zu Hilde)* I ko nix dafür.

HILDE *(starrt auch, will sich dann auf Otto stürzen, sein Hosentürl zumachen, er verhindert es.)*

MITZI *(starrt erregt, zitternd.)*

OTTO Was hams denn, Mitzi, Sie san doch ganz andere Kali-
ber gwohnt. *(Meint seinen Schwanz)* Schauts ihn an, wie
der ausschaut. *(Verzweifelt)* Ich frage die Runde, is der arme
Teufl zu groß für der ihr fettes Arschloch?

MITZI *(starr.)*

HILDE *(perplex.)*

OTTO *(zu Fritz)* Jetzt tu dein außer, der is trotz alle Pilln noch
doppelt so groß wia da meine.

FRITZ Des gäd ned Otto, bei aller Liebe, *(schreit verzweifelt)* sei
doch brav.

MITZI *(starr, heiß, atemlos.)*

HILDE *(kalt und starr.)*

OTTO *(wild)* Schwänze raus. Einer is des andern wert. Zoags Schwanze! *(Er verfolgt Fritz, packt ihn, reißt ihm die Hosen herunter, Hemd auseinander usw.)*

FRITZ *(steht zitternd, nackt, elend.)*

(Stille. Man starrt baff auf die beiden Glieder; Hilde schützt unbewußt ihren Unterleib mit gefalteten Händen; Mitzi hektisch erregt, zitternd. Pause.)

FRITZ *(geschockt)* Also, i woaß ned. *(Zieht seine Hose rauf.)*

HILDE *(löst sich, kalt)* Autoschlüssel her.

OTTO *(gibt sie)* Genau. *(Er zieht sich an.)*

(Wieder Stille, Starre, ungläubiges Staunen. Sie rennen wie aufgescheucht rum, als würden sie sich oder den Ausgang suchen, stolpern, holpern, Unsicherheit; schließlich Hilde ab.)

OTTO *(starrt ihr nach, verzweifelt zu Mitzi)* Mitzi, Sie sind mein Trost.

MITZI Mir is auch ned guad. *(Zu Fritz)* Halt mich.

FRITZ Halt dich doch selber. *(Ruft)* Hilde, ich bins, dein Bruder, wart auf mich! *(Rennt ihr nach.)*

(Pause; Otto und Mitzi starren sich an.)

OTTO Mitzi, ich darf gar nix.

MITZI *(verlegen, erledigt)* So schlimm werds scho ned sein.

OTTO Doch, und mein Schwager tut, wie ihm der Schwanz gwachsn is.

MITZI *(schreit)* Der Lätschfeign, der dreggerte. *(Ehrlich blöd)* Eine Frau braucht nicht nur Schläge, Herr Holdenrieder. Sunst tut der gar nix, des kann ich Ihnen valäßlich song.

OTTO *(verwirrt)* Der tut nix?

MITZI *(wild)* Nein, der hod bloß a große Fotzn und traut sich ned amal, daß er mir a kleine Nadl neisticht, der is feiga wira Gans.

OTTO Ned amoi a kleine Nadl?

MITZI Nein.

OTTO Des tu ich glei. *(Er reißt eine Anstecknadel aus seinem Hut oder ihrem Dirndl.)*

MITZI *(schreit geil und grell.)*

OTTO Aso traut der sich ned?

MITZI *(schreit)* Aso traut der sich ned.

OTTO *(begeistert)* Aso auch ned?

MITZI *(heiß)* Na, ned, nia.

OTTO *(plötzlich riesengroß)* Mitzi, i mog di.

MITZI *(unsicher)* Ich Ihnen auch, Herr Holdenrieder.

*(Sie fallen übereinander her und ficken, bis sie keuchend ne-
beneinander flacken, Stille.)*

MITZI *(aus dem Rausch erwachend, erlöst, sehr langsam)* Jetzt
hama aber die Sau rauslassen, Herr Holdenrieder. Etz
miaßma zruck ins Leben, sunst fallts auf.

OTTO *(glücklich)* Ja.

MITZI Einmal ist keinmal, bitt ich Sie, Herr Holdenrieder.

OTTO Einmal ist groß. *(Strahlt sie an)* Mitzi, ich liebe dich.

MITZI Geh, sowas sagt man doch ned.

(Vorhang, Pause)

Dritter Akt

1. Szene

Ein schreckliches Frühstück mit Frühstücksei; Otto und Hilde ziemlich lädiert.
Es dauert sehr lange, bis Hilde den ersten Satz herauswürgt. Ungläubig starrt sie Otto an, er tut mit dem Frühstück beschäftigt.

HILDE *(atemlos)* Hast di gsund gsteßn.

OTTO *(mit rotem Schädel)* Die Mitzi gibi nimma her, die brauchi – liaba vazichti aufs Gschäft, aba mei Männlichkeit gibi nimma her.
  (Pause, Hilde starr.)

HILDE *(trotzig)* Mit mir geht des ned, dei Männlichkeit?

OTTO *(dumpf und ehrlich)* Man kennt sich.
  (Große Pause.)

HILDE *(starrt)* Und wie gehts weita?

OTTO Mei Arbad is da und mei Bett is bei da Mitzi.

HILDE Und da Tisch?

OTTO Koni beim McDonalds hom.
  (Pause.)

HILDE Du ghörst ja entmündigt.

OTTO *(starrt sie an)* Wegn Liebe gibts des ned.

HILDE Des is Liebe?

OTTO Des *(starr)* andare is a ned strafbar.

HILDE *(starrt, lacht hysterisch.)*

OTTO *(starrt sie an, haßerfüllt)* Du oida frustrierta Scheißhaufa.

HILDE *(rasch)* Und wer hod mi dazua gmacht?

OTTO Wie bitte?

HILDE *(starrt ihn an.)*

OTTO *(geniert sich, putzt seinen Mund umständlich ab, steht auf und geht ab.)*

HILDE *(starrt ihm nach, schnauft, will sich beruhigen, löst das Gegenteil aus.)*

2. Szene

*Im Treibhaus, heiß und hell; Hilde und Mitzi. Mitzi heißrot, wie
ertappt. Hilde fast grün im Gesicht. Die Frauen beim Umtopfen
von Schößlingen. Sie arbeiten routiniert. Nur manchmal bricht
eine ab und starrt die andere lang und unverschämt nah an.*

HILDE Sie sind natürlich unnormal, Mitzi, dem müssen Sie ins
  Auge sehn.

MITZI *(schaut.)*

HILDE Drum hams ja auch die grundsätzliche Hingezogenheit
  zu meinem Bruder. Gleiches zieht sich an.

MITZI *(schaut, starr)* Ich komm mir nicht unnormal vor.

HILDE *(nickt)* Das is es ja. *(Kurze Pause.)* Wenn mir alle jünger
  wären ...

MITZI Ich bin 38.

HILDE Ebn, wenn man da plötzlich so wird.

MITZI *(empört)* Wie denn?

HILDE *(nickt)* Ich red ungern davon, weil mir das Intime nicht
  liegt, aber lassen Sie den Otto, nur beispielshalber, denn
  (leise) alles, was der sich einbildet?

MITZI *(schaut.)*

HILDE *(nickt)* Mein Mann nimmt jetzt auch ab und wird mager.
  Halten Sie sich immer vor Augen, daß er ein Familienvater ist.
  Daß er das Geschäft vernachlässigt und in der Früh schon ein
  Bier trinkt, davon will ich lieber schweigen.

MITZI Bier hat er vorher auch getrunken.

HILDE Weniger.

MITZI Er ist eben auch überrascht von sich und kanns nicht
  glaubn, daß ihm nochmal die große Liebe begegnet.

HILDE Sind Sie die?

MITZI Er sagts.

HILDE Und was sagen Sie? *(Kurze Pause.)* Glauben Sies mir, nur
  deswegen, weil Sie ihm den Arsch hinhalten, sind Sie noch
  lang keine große Liebe. *(Schnauft)* Eine große Liebe is, wenn
  man ein Geschäft aufbaut, Kinder zeugt und zufrieden ist.

MITZI Für mich is die große Liebe, daß man alles andere vergißt.

HILDE *(nickt)* Das glaub ich Ihnen sogar. *(Kurze Pause.)* Haben
  Sie eigentlich gar kein schlechtes Gewissen, wenn Sie der Susi
  in die Augen schaun. Dem Kind, dem Sie den Vater nehmen.

MITZI Ich hab die Susi schon länger nicht gsehn.

HILDE Schaun Sie sie an und prüfen Sie ihr Gewissen. *(Kurze Pause.)* Sicher, Mitzi, wir leben in einer geschlechtlichen Zeit, *(schnauft)* da haben Sie schon recht. Aber Gott hat ein wachsames Auge. Glauben Sie eigentlich an Gott, Mitzi?

MITZI Ich glaub schon.

HILDE Dann fürchten Sie sich, oder meinen Sie, der liebe Gott is a herglaufener Hurnbua?

MITZI Wieso denn?

HILDE Was für unschuldige Fragn diese Frau hat. Warten Sies ab, das sag ich Ihnen im guten.

MITZI Was soll ich denn tun?

HILDE Schwören Sie dem Otto ab, verlassen Sie dieses Haus und fangens neu an.

MITZI Im Jenseits?

HILDE Wo Sie wollen.

MITZI Lieber bring ich mich um.

HILDE *(laut)* Aber er is mein Mann, du blöde Gans, und der Vater meines Kindes und dein Chef.

MITZI *(schreit)* Aber ich liebe ihn, Otto, mein Otto, wo bist du?

HILDE *(trocken)* Bei die Rhododendron. Sehen Sie Mitzi, ich entschuldig Sie sowieso, eine Gärtnerei is ein besondrer Ort. Alles blüht, und das Leben springt aus jedem Blumentopf, bloß man selber steht dazwischen und hat keinen Samenstengel, der es gut mit einem meint. Und der Friedhof is de andere Seite. Zwischen Tod und Lebn muß man ja wahnsinnig werdn. Aber etz langts.

MITZI Mir ned.

HILDE *(schaut.)*

MITZI *(keck)* Können wir ihn denn nicht teilen? *(Verletzend)* Sie mögen es doch eh nicht gar so gern.

HILDE *(hochrot)* Ich brauch nicht mit Ihnen teilen, Mitzi, das hab ich noch nicht nötig, das sag ich Ihnen ehrlich. Noch sind Sie bei mir angestellt, nicht umgekehrt. Ich brauch meinem Otto doch nur einmal den Arsch hinhalten, und Sie sind vergessen.

MITZI Das glaub ich nicht. *(Kurze Pause.)* Wissen Sie eigentlich, was ein Orgasmus is?

HILDE *(verbissen ehrlich)* Wissen schon.

MITZI Ich hab ihn dauernd, sagt der Otto.

HILDE Wie schön für Sie.

MITZI Für den Mann ist es der absolute Höhepunkt, wenn die Frau ihn hat –

HILDE – sagt der Otto.

MITZI *(schaut.)*

HILDE Gratuliere.

MITZI Vielleicht – wenn ich von Frau zu Frau reden darf – sollten Sie einmal den Frauenarzt fragen, wenn bei Ihnen nix passiert. Hams einen guten oder soll ich Ihnen den meinen empfehlen?

HILDE *(hälts nicht mehr aus, hochrot, mit nervösen Zuckungen.)*

MITZI Ein Frauenarzt kann Wunder wirken. Vielleicht sind das auch die Vorwehen vom Klimakterium, Frau Holdenrieder, die Sie haben, aber dann gibts auch was, damit kann man die Jugend um zehn Jahr verzögern.

HILDE *(steht vor Mitzi, bedrohlich.)*

MITZI Was hams denn, ich meins doch bloß gut mit Ihnen.

HILDE *(herausbrechend)* Du Drecksau.

MITZI *(stolz)* Solche Wörter kosten einen für gewöhnlich viel Geld. Aber einer wie Ihnen sieht mans ja nach.

HILDE Was für eine bin ich denn?

MITZI *(hoch oben)* Eine frustrierte Henna, die ihren wunderbaren Mann nicht um ein Fünferl erwecken kann.

HILDE *(mit Haß)* Und wie erweckt man ihn?

MITZI *(stolz)* Indem man ihn erkennt und gibt, was man hat.

HILDE Alles?

MITZI Blöde Frage, Frauerl. *(Will stolz ab.)*

HILDE *(starrt, schmeißt plötzlich einen Blumentopf hinter ihr her)* Hoppla.

MITZI Das können Sie sagen. *(Schwirrt erhobenen Hauptes ab.)*

3. Szene

Das Ritual, das Zimmer und Fritz. Fritz hat plötzlich viele Pickel, scheints, ist fetter, heller und noch jünger. Fritz bewegt sich und die Möbelstücke in seinem Zimmer nach einem geheimen Plan, dieser ist aber, so scheint es, total festgefügt, denn schon ein Zentimeter, den der Tisch etc. falsch steht – in Richtung auf das geheimnisvolle Koordinatensystem –, bringt ihn zur Verzweiflung. Wichtig ist die totale Ernsthaftigkeit seines Tuns, seine

Verzweiflung, sein Leiden, wenn es nicht ganz gelingt. Fritz versucht, eine Symmetrie des Raumes dergestalt zu erreichen, daß er IMMER, wo er geht und steht, sich im Spiegel des Schrankes beobachten kann …
Hin und wieder macht er in einem entfernten Eck des Raumes eine Bewegung, indem er schnell den Pullover hebt oder den Mantel (hat er sich vielleicht angezogen) aufmacht und in den Spiegel starrt, sich sieht, erschrickt und erheitert lacht und grinst und sofort wieder aufhört. Dabei stöhnt und kräht und ächzt Fritz. All das darf ruhig 5 Minuten dauern, also eine Ewigkeit auf der Bühne.

FRITZ *(nach dem Spiegel grinsend)* Spuren erzeugen und Spuren verwischen. Des is das Geheimnis, Herr Fritz, und das muß man wissn. Und wer uns zu nahe kimmt *(tut, als würde er aus dem Hosentürl heraus schießen)* peng peng peng. *(Freut sich, wiederholt es, knallt alle im Zimmer ab, die da sein könnten; dann direkt vor dem Spiegel)* Etz hammas alle austrickst, gell, Herr Fritz, denn das Opfer öffnet unter Ausschluß der Öffentlichkeit die Augen. Des is scharf. *(Tut, als würde er was tun)* Mir schiaßn unsan Weg frei, aber es wird nicht geblutet. Verboten is verboten. *(Spielt Leidenschaft, die nicht passiert, spielt sein »Erwachen«, schüttelt und rüttelt sich, rennt zur Tür)* Den Spion wieder aufmachn! *(Tut, als wär er in einer Zelle)* As Lem gäd weida, da Drang varrinnt. Mach ein freundliches Gesicht.

4. Szene

Brotzeit, draußen im Grünen zwischen Grabsteinen und Blumen; Otto, Hilde, Fritz und Mitzi sehr leicht gekleidet, heiß und hungrig alle.
Malerisch und üppig, fast bäuerlich.
3 Minuten lange Freßszene mit großen Pausen und hin und her an Nichtgesagtem. Lastende Hitze, Durst.

FRITZ *(frißt in sich hinein, knastig)* Schmeckt unglaublich guad. *(Schweigen.)*
FRITZ *(merkt nichts, macht einen Witz)* Selber gmacht oder vom

McDonalds, das ist hier die Frage, wenni mei Schwesta ned kenna dad. *(Grinst.)*

HILDE *(wird hochrot.)*

(Man schaut, schweigt.)

OTTO Wenn koana was redt, kann die Brotzeit schneller vonstatten gehn, und die Arbeit wird pünktlich wieder aufgenommen. *(Schaut auf die Uhr)* Alles hat seinen Vorteil. *(Steht auf.)*

FRITZ *(trotzdem)* Mir schmeckts.

MITZI *(spitz, atemlos, verlegen)* Die Frau Holdenrieder kocht sehr gut, das wissn alle.

OTTO Genau. Wer ist der erste an der Arbeit. Ich. *(Geht lustlos weg.)*

FRITZ *(schaut, versteht nix, grinst)* I ned.

5. Szene

In Mitzis Appartement; Otto und Mitzi. Sie will es gut machen, er will unvergeßlich gut sein. Beide Scheiße. Beide arm. Frustriert wie krank, zwei Streithähne, die wie zufällig koital ineinander liegen, wie verklebt.

Langsame, ungute Szene.

OTTO Weida gäds nimma, oda?

MITZI Bist total drin.

OTTO Etz schiaße dann amal ab.

MITZI Peng.

OTTO Gfoits da ned?

MITZI *(lustlos, traurig)* Doch, schön. *(Kurze Pause.)* Aua.

OTTO Duads weh?

MITZI Ja.

OTTO Brav. Du gspürst wenigstens no was. *(Kurze Pause.)* Des wars.

MITZI I woaß scho, peng.

OTTO Wieso?

MITZI Eß woits oiwei bloß peng macha.

OTTO Wer eß.

MITZI Eß ebn.

OTTO *(grinst)* Hobe an Zwölfa gschossn in deine Eiastöck.

MITZI Ja.

OTTO Mitzi, du bist a Sau, awa i mog di.

MITZI Etz langts. *(Will von ihm weg.)*

OTTO Da bleibst. *(Hält sie fest, kurzer Kampf.)*

MITZI *(hysterisch wie bei Fritz)* Lassens mich in Ruh, und naus, Herr Holdenrieder, aus meinem Reich, sonst hol ich die Polizei.

OTTO *(brutal)* Mitzi.

MITZI Es hat sich ausgemitzit. Geh, sonst kotz ich mich an.

OTTO War nicht der beste Schampus, aber doch teuer.

MITZI Es tut mir leid. Bleib schon da.

OTTO Bist doch a frustrierte Henna. *(Kurze Pause.)* Und beim Fritz host koane Chansen, des sogida.

MITZI I woaß scho. Danke.

6. Szene

Auf dem Friedhof, schwül; Mitzi und Hilde an einem offenen Grab beim Kränze arrangieren. Hilde, äußerlich abgewirtschaftet, verbraucht, außer sich. Mitzi hübscher als sonst, stolz, bißl blöd. Langsame, heiße Szene, Reibungsflächen.

HILDE Darf ich Sie anflehen, Mitzi?

MITZI Flehen Sie Ihren Mann an, vielleicht haben Sie da mehr Glück.

HILDE Ich weiß, was ich sag.

MITZI Ich vielleicht nicht.

(Stille, sie arbeiten weiter.)

MITZI Wenn es mir so gehn tät, wie es Ihnen geht, dann tät ich vielleicht auch einmal darüber nachdenken, was ich falsch gemacht hab.

HILDE Das Denkn nutzt doch in so eim Fall nix.

MITZI Nein, weil er mich liebt, da nutzt wirklich nix.

(Stille; in Hilde arbeitet es, daß sie zerspringen könnte.)

HILDE Hiermit knie ich mich vor Sie hin, Mitzi, und flehe Sie an, zum letzten Mal, geben Sie mir bitte meinen Mann und den Vater zurück. Ich kann nicht ohne ihn.

MITZI Geh, Frau Holdenrieder, Sie machen sich ja ganz dreckig, stehns auf, ich bitt Sie.

HILDE Ist das alles, was Sie zu sagen haben.

MITZI Ich sag eh bitte, bitte stehen Sie auf.

(Stille.)

HILDE *(dann leise)* Hurnweib.

MITZI Genau, da knien sie vor einem nieder und flehen einen an und, wenn man nicht tut, was sie wollen, dann gebens einem solche Namen.

HILDE Stimmts ned.

MITZI Ich brauch mich meiner Leidenschaft nicht zu schämen. Und der Otto auch nicht. Verdurstende greifen zum Wasser, wenn man es ihnen reicht.

HILDE Und wer reicht mir was, Hure.

MITZI Etz reichts, das laß ich mir nicht sagen. Das wär sogar ein Grund, daß ich Ihnen fristlos kündig und Sie noch wegen Beleidigung anzeig.

HILDE Und ich? Was tu ich?

MITZI Die Liebe ist nicht strafbar und die Leidenschaft auch nicht. Außerdem ist mir jetzt spät, aber doch noch, die Periode sogar ausgeblieben. Es könnte sein, daß auch Sie einem kleinen Kind den Vater wegnehmen wollen.

HILDE *(starrt sie an)* Dazu kommt es nicht, ich warn Sie, Mitzi, für Skandale bin ich nicht geeignet. Vorher schneid ich es dir aus dem Bauch.

MITZI Geh redens doch keinen Blödsinn daher, das nehm ich nicht ernst, das ist aber ihr Glück.

(Hilde schnauft, starrt Mitzi an, Tränen schießen ihr in die Augen.

Sie rennt weg, bleibt bei einem andern Grab stehen, stützt sich, man sieht ihren Rücken zittern.

Mitzi schaut ihr nach, ein Lächeln huscht über ihren Mund, sie arbeitet weiter, Stille.

Hilde dreht sich um, kommt zurück, bleibt bei Mitzi stehen, starrt sie an.)

HILDE *(still)* Das geht nicht, was Sie sich einbilden, Fräulein Mitzi, seins doch gscheit.

MITZI Alles geht, wenn man will.

(Hilde starrt sie an, dreht sich um, schämt sich, rennt wieder weg, steht abgewendet.

Mitzi arbeitet weiter, bis sie fertig ist.)

MITZI Jetz bin ich fertig, Frau Holdenrieder, gfallts Ihnen?

(Sie starren sich an, kleine Pause.)

HILDE Lassen Sie mich so nicht stehn, Mitzi.

MITZI Ich laß Sie nicht stehen, wir können ja gemeinsam gehen.

HILDE Ich will ned mit Ihnen gehn, ich will mit Ihnen reden.

MITZI Geh, etz hamma doch ausgredet, oder, es is doch alles gesagt.

HILDE *(fast zu sich)* Ja.

*(Stille; plötzlich rennt Hilde auf Mitzi los, die fällt dadurch
um, schreit auf, Hilde stürzt sich über sie. Sie kämpfen. Hilde
ist stärker, schlägt auf Mitzi ein, Mitzi kann auf, Hilde stößt sie
vor sich her, Mitzi stürzt in das offene Grab, schreit.*

*Hilde nimmt einen Stein vom Grabauswurf in beide Hände,
Mitzi brüllt, Hilde schlägt daneben, der Stein kommt ihr aus,
sie nimmt einen andern, wirft ihn ins Grab.)*

HILDE *(außer Atem)* Jetzt bist einmal im Lebn brav und bleibst
da drin und tust, was man sagt.

MITZI *(brüllt.)*

HILDE Hört nicht, das Luder. Im guten hörn Sie ja nicht, Sie
sollen da drin bleiben und nicht die ganze Welt zusammen-
schrein.

MITZI I stirb.

HILDE Das haben Sie sich selber eingebrockt, wer nicht hören
will, muß fühlen.

MITZI Ich hab doch gehört.

HILDE *(starrt ins Grab)* Ruhe in Frieden, Mitzi, ich sag es dir
im guten.

MITZI Genau. *(Klettert heraus.)*

(Die beiden Frauen starren sich an.)

MITZI *(hilflos überrascht)* Ich hab so eiskalt.

HILDE *(nimmt sie in den Arm.)*

MITZI Aber Sie sind doch meine Mörderin.

HILDE Sowas sagt man doch ned, Dummerl.

MITZI *(kotzt)* Ich glaub, ich stirb.

HILDE Sie werden doch einen Spaß verstehn. O mein Gott, du
hast mich in die Wüste geführt. Herr wisse, ich bin ihr nicht
mehr böse, daß sie mir meinen Mann mit ihrem Arsch hat ab-
spenstig machen wollen. Ich vergib ihr, vergib du ihr auch.
Friede, Mitzi! Ich bin nur ein armes sündiges Weib.

MITZI *(verzweifelt)* Und was bin ich?

7. Szene

Mit einer heißen Limonade im Friedhofklo. Mitzi und Hilde
fassungslos. Mitzi über den Vorfall, Hilde über sich.
Mitzi »repariert« sich notdürftig. Hilde zittert am ganzen Leib,
total aufgewühlt, beide wie mit dem Kopf an die Wand geschla-
gen. Mitzi ist laut und fassungslos neugierig.

MITZI *(im Klo verbarrikadiert, aufgescheucht)* Mit dem Tod
    könnens mich nicht schrecken, ich hab mich schon so oft ge-
    täuscht und was Schreckliches erwartet, warum soll der Tod
    eine Ausnahme sein.

HILDE Ich will Sie nicht erschrecken, Mitzi, aber die Worte
    werden immer kürzer, Sie hören ja nicht.

MITZI Warum muß nur ich hören und die andern nicht.

HILDE Jeder geht seine Wege.

MITZI Ich will auch einmal meine Wege gehn.

HILDE Sie gehen nicht. Sie geben eine Ruh, bis sich die Situa-
    tion abgekühlt hat, sonst werd ich Ihnen schon helfen.

MITZI Fangens wieder an mit dem Umbringen, wo Sie mir ver-
    sprochen haben, daß es nur einmal war. *(Starrt sie an)* Frau
    Holdenrieder, nehmen Sie sich doch zam. Das Leben is lei-
    denschaftlich, aber übertreibn muß man nicht.

HILDE Entschuldigung.

MITZI *(neugierig und hysterisch)* Sie wollten mich doch jetzt
    wirklich umbringen gell, *(hell)* geben Sie es ruhig zu, Frau
    Holdenrieder.

HILDE Es tut mir leid.

MITZI *(starr)* Das hätt ich mir nie denkt, daß mich einmal je-
    mand umbringen will. Das is wirklich neu.

HILDE Sie leben ja noch.

MITZI Ja, aber beinah, *(fast erfreut)* schon beinah, gell?

HILDE Ich tus nie wieder, ich versprech es.

MITZI *(hysterisch)* Aber Sie lieben den Otto doch gar nicht so
    körperlich, da müßten Sie doch froh sein, wenn er jemand
    hat, wo er seine – dummen Ideen lassen kann.

HILDE Der Mensch ist doch ein Ganzes und die Ehe auch.

MITZI Aber der Otto liebt mich, denn ich hab mich nicht auf-
    gedrängt.

HILDE Er hat sich aufgedrängt.

MITZI Er hat mir wenig Wahl gelassen.

HILDE Das liegt ihm nicht, daß er einem die Wahl laßt.

MITZI *(mutig)* Also einmal is keinmal, aber wenns mich noch-mal umbringen wollen, dann muß ich Sie anzeigen. Ich bin auch ein Mensch und hab ein Recht auf Gesetz und Liebe.

HILDE Und ich?

MITZI *(laut)* Sie sind doch mit meinem Geliebten über 10 Jahr verheirat, da hätt sich die Frage doch schon mal stellen müssen.

HILDE *(schaut.)*

MITZI Wie schau ich denn aus, glauben Sie, mich liebt überhaupt noch irgend jemand, so wie ich jetzt ausschau?

HILDE Sie schauen blaß und verwundet, aber deshalb sehr attraktiv aus.

MITZI *(leiser)* Ich bin nämlich auch nicht so stark, wie man denkt.

HILDE Ich denk nix Schlechtes von Ihnen.

MITZI Die Einsamkeit macht eben zäh und tut sich schwer mit der Weiblichkeit.

HILDE *(warm)* Ich tu Ihnen nie mehr was, Mitzi, das spür ich, spüren Sie es nicht auch?

MITZI *(schaut.)*

HILDE Von mir, der Frau Holdenrieder, brauchens jedenfalls keine Angst mehr haben, wenn, bring ich das nächste Mal meinen Mann um.

MITZI Daß Sie so blutrünstig geworden sind seit 14 Tagen, das macht mir Kopfzerbrechen.

HILDE *(ehrlich)* Mir auch.

MITZI *(trotzig, dem Heulen näher)* Ihren Bruder tät ich lieben und um ihn kämpfen, da tätens mich nicht ungestraft ins Grab schmeißen können, da tät ich zurückschlagen.

HILDE Sie lieben den Fritz.

MITZI Ich hätt gern. Aber er wird rabiat, wenn er merkt, daß man ihn mag.

HILDE Ja, das mag er nicht.

MITZI Nein.

HILDE *(leise)* Eine Frau bleibt immer die gleiche, aber ein Mann wird bei jeder Frau ein anderer, hab ich gelesen. *(Kurze Pause.)* Machen Sie sich rarer.

MITZI *(schaut.)*

HILDE *(nickt.)*

MITZI Ich tät jetzt gern heimgehen und ein verlängertes Wo-

chenende machen. Man braucht einen bessern Spiegel, glaub
ich, nach so einem Tag.

HILDE Genau, Mitzi, das haben Sie sich ehrlich verdient.

8. Szene

*Draußen bei der Arbeit. Fritz bringt größere Obstbäume (einge-
topft). Otto schneidet sie zurecht. Fritz trägt sie zurück.*

OTTO Die Ehe is ned einfach, Fritz, verstehst. *(Kleine Pause.)*
Jeder hat seine Probleme, nicht bloß du. *(Pause.)* Vielleicht
ist dein Los besser. Du suchst dir eine aus, derschreckst es,
wichst es an, und bevor sie an dir klebn bleiben kann, ver-
schwindest du wie Winnetou in der Staubwolke.

FRITZ *(lacht gezwungen.)*

OTTO *(schaut ihn an)* Aber du hast dich gut in der Hand, des
muß man sagen. *(Kleine Pause.)* Mir bringen uns gegenseitig
um, und du stehst da und schaust zu.

FRITZ Mir duad bloß mei Schwesta leid.

OTTO *(starrt ihn an)* Genau. *(Pause. Plötzlich)* Du möchst die
Mitzi nicht?

FRITZ *(nervös.)*

OTTO Nicht amal zum –

FRITZ *(rasch)* Is nicht mein Typ.

OTTO *(blöd)* Der meine eigentlich auch nicht.

FRITZ Aber sie kanns.

OTTO Jaja.

FRITZ *(ehrlich)* Ich find bei einer Frau die Anständigkeit eigentlich am geilsten.

OTTO Schau ihn an, er kennt sich aus.

FRITZ *(lächelt.)*

OTTO *(schaut ihn an)* Du hast eine gewisse Ruhe. Kommt des
von deine Beruhigungspillen, die Ruhe?

FRITZ Genau.

OTTO Ich hab mir das anders vorgestellt. Ich hab mir denkt,
daß mir dich dauernd beruhigen müssen, weil du so aufge-
regt bist. *(Starrt ihn an)* Das stimmt nicht.

FRITZ Ich war immer still, kannst meine Schwester fragen.

OTTO Aber du bist doch der, in dems kocht und wurdelt.

FRITZ Soviel wurdelt auch nicht.

OTTO Bei mir schon.

FRITZ Willst mitm Kopf durch die Wand?

OTTO Genau, bum.

FRITZ *(fachmännisch)* Dann hast schon verloren. Des lernst im Knast. Was man will, is ned erlaubt, sonst tät man ja nicht sitzen.

OTTO Was man will, is der Instinkt. Und ohne einen Instinkt is man verloren.

FRITZ Des kannst du leicht sagn, weilst normal bist.

OTTO Dei Schwesta sogts anders.

FRITZ Weilst ihra fremd gäsd. Mei Muatta hod allerweil gsogd, nur schwache Männa gengan fremd.

OTTO *(schaut.)*

FRITZ Aber das is ebn normal. Wenn ich ich bin, mach ich mich straffällig, des is da Fehla.

OTTO *(starr)* Dann tät ich mich umbringen.

FRITZ *(leicht)* Ich muß mich nicht umbringen, ich muß bloß ein anderer werdn.

OTTO Des gibts nicht. *(Kurze Pause.)* Wenn ich einen Asparagus eintopf, dann ist das ein Asparagus und wird nie eine Silbertanne. Der ändert sich ned, der krepiert vielleicht, aber er bleibt sich treu, weil er muß.

FRITZ *(froh)* Der Mensch ned.

OTTO Auch der Mensch hat Wurzeln.

FRITZ Ich nicht.

OTTO Na verreckst, weilst verdurschst.

FRITZ *(still, starr)* Ich nicht.

(Pause.)

OTTO Ich hab mir denkt, einer wie du, der is so verzweifelt, daß er dauernd Hilfe braucht. *(Kurze Pause. Schaut ihn an)* Brauchst du meine Hilfe?

FRITZ *(leicht)* Freile.

OTTO Gelogen. Du brauchst mei Hilfe ned, niemand brauchst du. *(Schaut ihn an, fast bös)* Du solltest mehr meine Hilfe brauchn, das wär besser. Ich sags dir im guten.

FRITZ *(verunsichert)* Ja, dann brauch ich halt deine Hilfe.

OTTO *(nickt, starrt ihn an.)*

FRITZ Otto, ich bin kein Asparagus, ich bin ein Mensch. Sogar bei die Pflanzn gibts das, da kannst du doch auf das eine was anderes draufpfropfen. Dann hast auf einem Baum Äpfel und Birnen, *(lacht)* das gibts doch.

OTTO Aber die Natur sieht es nicht vor.

FRITZ Was die Natur vorsieht, darauf kann ich keine Rücksicht nehmen. Die Natur is das eine, ich bin das andere.

OTTO *(ernst)* Das is dein Fehler, an dem wirst du krepiern.

FRITZ *(frisch)* Wies mich entlassen ham, hams gsagt, ich soll alles positiv sehn.

OTTO *(nickt)* Du oder ich, das ist hier die Frage.

FRITZ *(schaut)* Warum?

OTTO Du hast was – auch wenns kein Aids is, *(lächelt)* da gibts vielleicht *(verlegen)* Schlimmeres.

FRITZ Was denn?

OTTO *(penibel)* Ich muß nachdenkn, sei mir nicht bös.

FRITZ Wennst meinst, ich paß nicht her, dann geh ich.

OTTO Du paßt gut her, so gut sogar, daß ich gar nicht weiß, obst bleiben kannst, verstehst?

FRITZ *(schaut.)*

9. Szene

Im Schlafzimmer und in der Küche. Otto sitzt da. Hilde wechselt sehr deutlich die Bettwäsche und erwartet ihn trotzdem.

HILDE Ich hätt es mir eh nicht denkt, daß sie mir so einfach stirbt. Aber das Sterbn geht besser, als man es sich denkt.

OTTO Ein Mord ist etwas Leidenschaftliches. Das liegt dir nicht.

HILDE Läßt kein gutes Haar an seiner Frau, der Mensch.

OTTO Weil dir die Luft ausgeht.

HILDE Es hat den ganzen Tag gedauert. Mir sind nicht mehr voneinander loskommen, es war wie verhext. Sie is immer näher, bis pappen blieben is.

OTTO *(wie im Quiz)* Starb sie freiwillig oder hastas umbracht?

HILDE Gstorbn is freiwillig, ich wollt nur, daß sieht, was anrichtet.

OTTO Hast meine Liebe zerstört?

HILDE Wenns selber in das Grab hineingefallen is, und ich sie dann bloß nimmer rauslassen hab, bis schwört, daß von dir ablaßt.

OTTO Das tut die Mitzi nie.

HILDE Drum is tot.

OTTO Das hätts nicht braucht.

HILDE Ich hab es gern getan.

OTTO Die arme Mitzi.

HILDE *(zufrieden)* Ich glaub eh, daß nicht gesund is.

OTTO Warum?

HILDE Als Frau fühlt man das von einer andern Frau.

OTTO Im Bett wars aber sehr gesund.

HILDE Das muß man sich vom eigenen Mann sagen lassen.

OTTO Wars aber.

HILDE Das täuscht, das Bett, daß du das immer noch nicht einsiehst.

OTTO Ich liebe die Mitzi, das schwör ich.

HILDE Mir richten ihr die schönste Beerdigung aus, die sie sich vorstellen kann.

OTTO *(unsicher)* Der Tod liegt ihr.

HILDE Ich hab mir denkt, ich muß dem Otto beweisen, daß es mehr gibt, wie den Arsch hinhalten und die Tonleiter nauf und nunter jauln.

OTTO Tät dir nix schaden, ein bißl Jaulen.

HILDE Wennst willst. Du bist mein Mann, und wer meine Kreise stört und sich durch Anruf nicht vertreiben läßt, muß leiden.

OTTO *(grinst)* Leiden und sterben.

HILDE Ja.

OTTO Hat sie gelitten?

HILDE Das weiß ich nicht. Ich hab zuerst SIE gesehen und dann DICH. Und dann hab ich dazwischengehaut und sie getroffen. Und dann hab ich nix gesehen.

OTTO Die arme Mitzi.

HILDE Die Leidenschaft is eben mit mir durch.

OTTO Das is keine Leidenschaft, das is unnormal.

HILDE Wenns sein muß.

OTTO *(erfreuter)* Hast einen Mord begangen wegen Liebe.

HILDE Das war kein Mord, das is Notwehr.

OTTO *(grinst)* Überschrift: Blut, Sperma und Tränen.

HILDE *(ernst)* Die Tränen laß ich ihr.

OTTO Was machst mit dem Blut, wo sich das Sperma schon die Zähn ausbeißt an dir?

HILDE Und wenn eine Tote erwacht?

OTTO Hoffentlich, die arme Mitzi!

HILDE *(verzweifelt)* Ich mein doch mich.

OTTO *(starrt sie an)* Nicht reden, tun.

HILDE *(nickt)* Schau in die Zukunft, Otto, und genieße mich. *(Bläst ihm einen.)*

OTTO *(genießt es)* Die arme Mitzi, die jetzt an mich denkt und leidet.

HILDE Die leidet nicht, weils nicht denkt. Wie sie nämlich gesagt hat, daß sie keine Periode kriegt und sie noch hat, hat sie ihr eigenes Todesurteil gesprochen. Für Skandale bin ich nicht geeignet.

OTTO *(grinst)* Wenn ich dich hinhäng, dann kriegst lebenslänglich. Etz bist in meiner Hand.

HILDE Ich hab keine Angst vor deiner Hand, Otto, du bist mein Mann und ich — wenn ich dir beweis, daß ich um dich kämpf, das is dir sicher mehr wert, wie daßd mich hinhängst.

OTTO Lebenslänglich, und ich wär frei.

HILDE Mit mir bist du doch viel freier.

OTTO Frei im Klo.

HILDE *(schaut.)*

OTTO Wennst mich beißt, hau ich dir eine herunter.

HILDE Eine Mörderin soll man nicht schlagen, wer weiß, was dabei rauskommt.

OTTO Ich komm eh nicht drüber hinweg. *(Genießt, wie sie bläst)* Und deine Leidenschaft zu mir is auch was ganz Neues. *(Grinst)* Aber vielleicht is so ein Mord auch etwas ganz Normales, wie alles andere auch auf der Welt, und man geheimnist nur zuviel hinein.

HILDE Is eine lebendige Ehefrau nicht mehr wert wie eine tote Leidenschaft.

OTTO *(schaut,)*

HILDE *(»leidet« ihn an)* So ein Mord muß doch ein größerer Beweis von Liebe sein, wie wenn man sich einmal in den Arsch ficken laßt. *(Um ihn buhlend, sich langsam ausziehend, er wird schwächer)* Erwachende machen die Augen auf. Sei nicht pessimistisch. Probieren geht über studieren.

OTTO *(schnauft, schaut, nickt, ruft noch)* Ruhe in Frieden, Mitzi.

HILDE Genau, machs mit mir. *(Packt ihn und kriegt ihn)* Sehn Sie, Mitzi, man braucht nicht bloß einen Arsch, sondern auch ein Hirn, um einen Mann zu halten.

OTTO *(droht)* Etz kommts mir dann gleich.

HILDE Brav.

10. Szene

Mitzi bei sich zu Hause, ziemlich lädiert, zärtliche Musik; sie starrt auf einen getrockneten Blumenstrauß und schreibt.

MITZI *(schreibt, denkt, schnauft, wartet, schreibt)* Mein lieber Otto, der Tod ist eine tiefe Erfahrung. Jeder sollte sie machen, denn er verändert einen. Das weiß ich jetzt. Aber der Tod fragte, bevor er mich mitnahm: was willst du, wenn du noch einen letzten Wunsch hast, und ich habe geantwortet, den Otto Holdenrieder. Der Tod sagte nicht, den kenn ich nicht, oder, der ist verheiratet, oder, der paßt nicht zu dir, der Tod sagte, nimm ihn dir. Und ich dachte, ich habe doch keine Zeit mehr. Und der Tod sagte, wenn man etwas wirklich will, dann hat man auch Zeit dafür. Lieber Otto, so bin ich dem Tod entkommen und sitze nun allein in meiner Wohnung. Du kommst nicht, du rufst nicht an, wo bist du. Dem Tod bin ich entkommen mit Ach und Krach Klammer auf, frag deine Frau, Klammer zu, aber das Leben schlägt einen Bogen um mich, wenn du nicht da bist. Ich denke an dich, obwohl ich Kopfweh hab, drei blaue Flecken und einen aufgeschwollenen Haxen. Wird schon wieder vergehen. Ich verzeihe der Hilde, weil sie deine Frau ist. Aber auf mir sitzen kann ich es nicht lassen. Ich will die Firma verlassen und in dein Herz einziehen. Bitte laß uns fliehen, dorthin, wo uns die Hilde kein Loch graben kann.
Absatz und unterstreichen: Hiermit kündige ich unter Einhaltung der sechswöchigen Kündigungsfrist zum Quartal, am 30. September. In großer Hoffnung deine Mitzi Frey.

11. Szene

Im Bad, spät. Hilde und Otto, erschöpft beide, abgefickt. Hilde wäscht sich ausführlich, Otto reinigt ungeniert seine Zahnprothese.

OTTO Die Mitzi is gar ned tot, des hast bloß erfunden, gell, daßd es umbracht hast. Alles Lüge!

HILDE *(gequält und trotzdem gleichgültig)* Ich wollt uns ein schönes Wochenende machn.

OTTO Du spinnst ja, die arme Mitzi.

HILDE War ein Gspaß und hat dir gfallen. *(Aggressiv)* Oder ned?

OTTO *(stumpf)* Blöd is nur, wenns wirklich ein Kind kriegt, dann stehn mir da.

HILDE Die kriegt kein Kind, die kummt eher in Wechsel.

OTTO *(arglos)* Des sagt sie von dir auch.

HILDE *(erschöpft)* Jaja, die schreckt vor nix zurück.

OTTO Abtreibn tut sies nicht, hats gsagt.

HILDE Man kann nicht über seinen Schatten springen. Frau bleibt Frau.

OTTO Die arme Mitzi, wenn die das wissn tät.

HILDE *(erschöpft, schaut ihn an)* Gehst zur Mitzi zurück, hast sie wieder, sie lebt ja noch.

OTTO *(dumpf)* Des hätts ned braucht.

HILDE *(schaut.)*

OTTO *(schaut, grinst.)*

HILDE Verachtest du mich jetzt, weil ich eine Fantasie ghabt hab?

OTTO *(tut männlich)* Kommst ins Bett, dann sag ich es dir, wennst brav bist.

HILDE *(männlicher)* Genau.

12. Szene

Ein Wiedersehen. Mitzi und Otto; im Gewächshaus. Mitzi ange-schwollen und verpflastert im Gesicht, aber geschminkt. Otto schaut sie nicht an, er ist eher blöd als gemein. Und er ist wieder klein.

MITZI Otto, mein Otto, schau mich an, das war sie, wie ich aus-schau.

OTTO *(schaut eher weg.)*

MITZI Is das alles, was du mir zu sagen hast.

OTTO Meldst di krank, wenns länger dauert, brauchma a Aus-hilfe.

MITZI Otto, ich liebe dich mehr wie mein Leben.

OTTO Jaja. Aber irgendwie muaß etz wieda a Ordnung eikehrn bei uns.

MITZI Hast mi satt?

OTTO Was heißt satt.

MITZI Satt heißt satt.

OTTO Vielleich bini bloß instinktiv nimma so hungrig.

MITZI *(versucht nochmal aufzutrumpfen)* Und du willst ein Mann sein, kuscht vor seim eigenen Weib und verschluckt seine Leidenschaft.

OTTO Wos hoaßt kuscht, vielleicht hobi einfach etz aa wieda gnua von de Sauerein mit dir.

MITZI Sauereien.

OTTO Daßd a wuide Sau bist, mit der ma macha ko, wosma wui, werst ned leigna.

MITZI Otto, so redst doch du ned zu mir. Wos isn mit da Wüste, und daßi deine Oase bin?

OTTO Vielleicht isma as Trockene halt doch lieba. *(Dreckig)* Probiers doch beim Fritz, vielleicht macht der weida, wo i aufhör.

MITZI *(baff)* So redst doch du ned mit deiner Mitzi.

OTTO Alles hat einen Anfang und alles hat ein Ende. So is Lebn.

MITZI *(gemein)* Bloß die Ehe ned, gell, die währet immerfort. Gäsd zruck zu deina oidn frustriertn Henna, kost wieda wigsn wia da Deife.

OTTO *(ruhig)* Du Scheißhaufen.

MITZI *(nach einer Pause)* Du bitte, laß mich nicht so stehn.

OTTO Ja, fürs Stehn werdn Sie eigentlich auch ned zahlt von mir. Und jetzt is ein normaler Werktag und ein normaler Vormittag, und Sie wollen reden und reden. Ob i ma des no lang anschau, is auch eine Frage.

MITZI *(haut ihm halbherzig eine runter.)*

OTTO *(packt sie und schmeißt sie in ein Eck)* Etz is aber Schluß, gell, einmal und nie wieder. Was es Weiba unter eich machts, geht mi nix an. Aber mi schlagst du ned, sunst zeig ich dir, *(lächelt)* wias umbringa wirkle gäd, du blöde, oide, geile Henna.

MITZI *(fassungslos, erledigt)* Mei, seids es gemein zu mir, mein Gott, hilf mir. *(Weint.)*

OTTO *(ernst)* Mitzi, die Ordnung kehrt zurück in diesen Betrieb. Es ist beschlossn, weils sein muß. Find dich damit ab.

MITZI *(unsicher)* Ich kündig.

OTTO *(schaut kurz, nickt)* Brav. *(Ab.)*

13. Szene

Bei der Arbeit; Mitzi und Fritz. Mitzi wie zwanghaft auf der Pirsch, Fritz duckt sich in Brutalität. Sehr hochdeutsch und förmlich Mitzi.

MITZI Und des mit dem Sadistn, des hams erfundn?

FRITZ Ja.

MITZI *(kurze Pause)* Des hätt mir aber besser gfalln als wie ein kleina Auszieha sein in der Öffentlichkeit. *(Von oben herab)* Da müßt man sich ja schämen.

FRITZ *(dumpf)* Ich bin aber bloß a Ausziaga. Mit mehra koni ned dienen. Wenn i a richtiga Sadist wär mit Bluatstecha und so, da tät i fei noch lang sitzn, da hättens mich ned auslassn.

MITZI Dann hättn wir uns nicht kennengelernt.

FRITZ Bestimmt ned.

(Pause.)

MITZI Des interessiert Sie ned, gell, das Normale?

FRITZ *(frech)* Ich bin ebn unnormal.

MITZI Hams einen Stolz darauf, daß ned normal sind?

FRITZ Ich bin wie ich bin.

MITZI Sie sagen es aber so, wie wenns einen Stolz drauf hättn.

FRITZ Ich bin schon so lang i, daß ich mich schon dran gwohnt hab. *(Eher müde)* Mir kammats unnomal vor, wenn i etzan auf einmal nomal wär.

MITZI *(probiert es kokett)* Zu uns beiden fällt Ihnen schier gar nix ein, oder?

FRITZ *(dumpf und brutal)* Da muaßt da wen andern suacha. Als Abdecka fürn Otto seine Seitnsprüng bini ned geeignet.

MITZI *(ehrlich verzweifelt)* Mein Gott, seids ihr Männa Schweine.

(Pause.)

MITZI *(spitz und brutal)* Vor mir wichsn möchtens aber schon, oder?

FRITZ *(schaut.)*

MITZI *(verzweifelter)* Vielleicht kommt man sich dann näher.

FRITZ Ich will gar ned näher kommen, daß du das ned verstehst.

MITZI Aber der Mensch is doch ein Gemeinschaftstier.

FRITZ Ich nicht.

(Pause.)

MITZI *(sehr spitz)* Macht es einen nicht einsam, wenn man

weiß, wenn ich die Liebe suche, muß ich zwangsläufig allein sein.

FRITZ Auf die Liebe bini ned scharf.

MITZI Ich schon.

FRITZ Mir tut bloß mei Schwesta leid.

MITZI Und wem tu ich leid. Du hast ja ned wolln und hättst alles haben können.

FRITZ I brauch nix. I bin ned da Otto.

MITZI Schad is des.

FRITZ I gönns erm, wenn ned mei Schwesta dazwischn wär.

MITZI Es is immer jemand dazwischn, davon darf man sich nicht beeindruckn lassn.

FRITZ *(abfällig)* Da Otto bringts, gell.

MITZI *(lügt)* Mehrmals am Tag.

FRITZ Des hädi erm gar ned zuatraut.

MITZI I aa ned.

14. Szene

Arbeit, Arbeit, Arbeit, alles rackert, sehr angestrengt; Mitzi und Hilde. Mitzi erschöpft, sichtlich unten, Hilde tut mehr nebenbei, obwohl sie hart kämpft.

HILDE *(resch)* Ein klarer Kopf ist Goldes wert.

MITZI Warum?

HILDE Sie sollten lieber bleibn.

MITZI Das sagen Sie.

HILDE Ich – und der Otto.

MITZI *(schaut, schluckt, unsicher)* Des tät doch kein gut.

HILDE Also für mich schon. *(Weiblich)* Ich wüßt, wo seine Grenzn liegen, *(schaut Mitzi freundlich an)* wenn Sie bleiben, und tät deshalb ned noch einmal verrückt werdn.

MITZI *(beleidigt)* Sie sind aber schon ganz schön verrückt gewordn wegn mir.

HILDE Ja, aber das wär ja der Vorteil, der ausgestandn is.

MITZI Ach so.

HILDE Also kurz gesagt: ich achte Sie als Frau und Mensch, und der Otto –

MITZI Des is aus.

HILDE Des wär doch eine Basis.

MITZI Für mich, aber für ihn?

HILDE Er probiert es sicher wieder, aber Sie haben es doch in der Hand, das zu steuern.

MITZI Ja, und dann überrumpelt er mich wieder, und Sie schmeißen mich wieder ins Grab.

HILDE Ich schmeiß gar nix mehr. Ich hab ein tiefes Vertraun gefaßt zu Ihnen und damit basta.

MITZI *(mit letztem Stolz)* Ich kann es nicht vergessen, aber beenden.

HILDE Ebn.

MITZI Und der Fritz?

HILDE Der verläßt uns.

MITZI *(schaut.)*

HILDE Reisende soll man ned aufhaltn. Er kriegt von uns ein Motorrad, damit er sich leichter tut.

MITZI Und derrent.

HILDE Geh, malens den Teufel nicht an die Wand.

MITZI Das sagen Sie als seine Schwester.

HILDE Zu jedem kommt einmal das Schicksal und sagt: Da bin ich. Ich hab es mir so denkt beim Fritz: Einmal kommt ganz unerwartet ein junges Mädl und reinigt ihn mit ihrer Unschuld von seine Sauereien.

MITZI *(schaut.)*

HILDE Was dem Fritz fehlt, is die große Liebe. Dann geht alles automatisch.

MITZI Die bin ich nicht.

HILDE Ebn, den können Sie nicht halten, glauben Sie es mir. Der braucht eine Frau, wo es sonnenklar is, daß er sich sagt, warum soll ich denn vor andere Leut, die wo ich nicht kenn, die Hosn herunterlassen, wo ich sie hab. Bei Ihnen fangt er wieder an, das is so sicher wie das Amen in der Kirchn.

MITZI Das tät ich ihm nie verzeihen, das weiß ich. *(Kleine Pause.)* Weil, was in die eigenen vier Wänd passiert, das is das eine. Aber wenn er sich plötzlich hinstellt und *(leise, ehrlich)* – onaniert, das wär schlecht.

HILDE *(nickt)* Mit ihm hats begonnen, und mit ihm muß es aufhören.

MITZI *(schaut.)*

HILDE Er tragt das Sexuelle vor sich her, und weil er es nicht auslebt, sondern bei sich behält, zwingt er die andern.

MITZI Mich hat er nicht gezwungen.

HILDE *(lächelt)* Er will selber gehen. Fragen Sie ihn, Sie reden doch so gern mit ihm.

MITZI Das tut mir weh, wenn Ihr Bruder geht.

HILDE *(nach kurzer Pause, ehrlich)* Mir auch.

15. Szene

Einfahrt; Fritz und Mitzi. Fritz bepackt das Motorrad; Mitzi nah bei ihm.

MITZI *(atemlos)* Vielleicht wenn einmal die Zeit kommt, wo du nicht mehr wichsen magst und ich noch nicht 80 bin, sehen wir uns wieder.

FRITZ *(verschämt, aber offen, weil er sich freut, daß er weg kann)* Etz muß ich erst einmal naus, dann sieht man weiter.

MITZI Paß auf auf dich, weil, wenn es einem schlecht geht, findet man nicht immer ein paar Blöde, die einen lieben. *(Lacht)* Und wenn du querschnittgelähmt bist, meldest du dich auch.

FRITZ *(grinst blöd)* Wenns ganz aus is da unten.

MITZI *(sehr zart)* Da untn is das eine, da oben *(küßt seine Stirn)* is auch was.

(Sie schauen sich an; Otto und Hilde kommen, man umarmt sich.)

OTTO *(umarmt Fritz)* Man sagt auf Wiedersehn.

FRITZ *(glücklich)* Genau, wiedersehn. *(Fällt Hilde in die Arme.)*

HILDE Tu uns einmal schreibn.

FRITZ *(ehrlich, intim)* Halt die Ohren steif. Der Wind is das eine, der Fels das andere. *(Grinst.)*

HILDE Wos mein Mann is.

OTTO *(gutblöd)* Was wird da geflüstert?

FRITZ Dankschön für alles, was für mich tan habts.

OTTO War selbstverständlich.

HILDE Wennst willst, Fritz, kannst jederzeit wieder zurückkommen. Schreibst ein paar Zeilen, oder rufst an.

FRITZ Pfiat euch, die Freiheit muß man ausnutzn, wenn man sie hat.

OTTO Genau.

(Fritz gibt Gas, fährt weg.)

MITZI *(heult.)*

OTTO Wenn man diese Tränen so sieht, könnt man direkt eifersüchtig werdn.

MITZI Sind sie nicht das einzige, was ich noch hab?

HILDE Geh Mitzi, wir sind doch keine Unmenschn. Und der Fritz is schon weit. *(Umarmt sie und faßt ihr blitzschnell unter den Rock, greift.)*

MITZI *(erschrickt)* Also geh, was solln des, Frau Holdenrieder.

HILDE *(hat, was sie wollte, die Monatsbinde fällt heraus.)*

MITZI *(brüllt hysterisch auf und versucht, die Binde mit den Füßen von sich zu stoßen.)*

HILDE *(sehr leise)* Hab ich mich doch nicht getäuscht. Seins froh, Mitzi, Kinderkriegen is in unserm Alter kein Honigschlecken.

MITZI *(heult.)*

(Große Pause;
Mitzi versucht, sich aufrecht zu halten, Otto wackelt sonderbar mit dem Kopf, Hilde will sich wegschleichen, kann nicht. Starre.)

OTTO *(endlich, sehr leise)* Marsch zurück ins Leben. Wer ist der erste an der Arbeit. *(Kleine Pause. Fertig)* Ich.

HILDE *(um Mitzi aufzuheitern)* Ich?

MITZI *(sehr klein)* Ich.

(Langsam, unsicher wie im Traum gehen sie ab. Leere Bühne, Vorhang)

Der Drang
Volksstück in drei Akten.
Entstanden 1992.
Uraufführung: Münchner Kammerspiele, 21. 5. 1994. Darsteller: Franziska Walser, Edgar Selge, Sibylle Canonica, Horst Kotterba. Regie: Franz Xaver Kroetz.

Ich bin das Volk

Volkstümliche Szenen
aus dem neuen Deutschland

Hinweis zur Aufführung:

»Ausländer genießen alle Grundrechte, mit Ausnahme der Grundrechte der Versammlungsfreiheit (Artikel 8 GG), der Vereinsfreiheit (Artikel 9 Abs. 1 GG), der Freizügigkeit (Artikel 11 GG), der freien Wahl von Beruf, Arbeitsplatz und Ausbildungsstätte (Artikel 12 Abs. 1 GG) sowie des Schutzes vor Auslieferung an das Ausland (Artikel 16 Abs. 2 Satz 1 GG).« Zitiert aus den Allgemeinen Verwaltungsvorschriften zur Ausführung des Ausländergesetzes (§ 6, Nr. 1).

Die Szenenfolge »Ich bin das Volk« wurde 1993 aus aktuellem Anlaß geschrieben: Ausländerhaß, Neonazitum, Not und Feigheit.

Während der Umbaupausen wünsche ich mir eine aggressive volkstümliche multikulturelle Musik; zum Beispiel Trommel und Oboe mit Hackbrett und Mundharmonika.

5. September 1993

Anmerkung: Die Reihenfolge der Szenen folgt ihrer Fertigstellung. Änderungen werden deshalb nötig und nützlich sein.

Gott ist ein Kaufhaus

Ein Glatzkopf; er trinkt den letzten Schluck aus seiner Bierflasche
– sie ist jetzt leer, er starrt sie an und wirft sie an die Wand. Sie zer-
splittert.
Aus den Splittern taucht die Märchenfee auf. Der Glatzkopf starrt
sie an; sie lächelt.

FEE Ich bin geschickt, um dir zu helfen, Menschenkind. Du hast
   drei Wünsche frei. Sag sie mir, ich will sie dir erfüllen.

GLATZKOPF *(nervös)* Scheiße ...

FEE Fürchte dich nicht. Sprich!

GLATZKOPF *(erregt, unsicher, stößt hervor)* An Hundata.

FEE *(lächelt, reicht ihm einen Hundertmarkschein.)*

GLATZKOPF *(starrt ihn an, freut sich.)*

FEE *(lächelt)* Drei Wünsche hast du frei. Sprich weiter, Menschenkind, noch zwei sind übrig, um dein Glück zu machen.

GLATZKOPF *(starrt den Hundertmarkschein an, starrt die Fee an,*
   stößt mit großer Anstrengung und Nervosität wie schreiend
   hervor) An Fünfhundata.

FEE *(lächelt, reicht ihm einen Fünfhundertmarkschein.)*

GLATZKOPF *(starrt den Fünfhundertmarkschein an, schluckt,*
   starrt, lächelt, kann es nicht fassen.)

FEE Drei Wünsche hast du frei, sprich weiter, Menschenkind, es
   ist noch einer übrig.

GLATZKOPF *(erregt, irr, »ungläubig«, kriegt kaum noch Luft, starrt*
   die Fee an, würgt hervor) An Tausenda, an neia.

FEE *(schaut ihn voll Liebe an)* Nichts anderes, Menschenkind?
   (Gütig) Denk nach, es ist noch einer übrig, um dein Glück zu
   machen.

GLATZKOPF *(versteht es wohl falsch; unterdrückt, aggressiv)* An
   Tausenda hobe gsogt.

FEE *(reicht ihm einen neuen Tausendmarkschein.)*

GLATZKOPF *(reißt ihn ihr aus der Hand, starrt ihn an, irr, glücklich,*
   atemlos.)

FEE Adieu, mein armes Menschenkind, adieu. *(Sie verschwindet.)*

GLATZKOPF *(starrt auf sein Geld, schreit)* Wahnsinn!

Gedenktag

Ein Volksvertreter in seinem Büro mit seiner Sekretärin. Er diktiert ihr eine Rede. Er galoppiert zwar zwischen bayrisch und hochdeutsch, ansonsten aber spricht er ruhig und nachdenklich. Er will überzeugen, nicht niederbrüllen. Er macht Zäsuren, sucht den imaginären Blickkontakt mit dem Volk. Er »spielt« auch »Gegner und Applaus«, damit Frau Tscherni die entsprechenden Redevermerke ins Manuskript machen kann.

VOLKSVERTRETER *(schaut, denkt nach, diktiert)* Wir müssen uns auch weiterhin an die Verfassung herantrauen. Sie ist schließlich der Ausfluß der deutschen Kapitulation anno 45, des woima amoi ned vagessn. *(Mahnend)* Man kann kein Volk über Generationen hinweg für etwas haftbar machen, was die meisten schon biologisch gar ned erlebt haben können.

Das ist ein Widerspruch aus sich selbst, gegen den sich das Volk wehrt. Aber des kapiert ja inzwischen aa die Opposition, daßma im Büßergewand koane Stimmen mehr hoin ko.

(Feierlich) Die vor einem Jahr geänderte Verfassung kommt endlich dene zugude, die tatsächlich politisches Asyl brauchan, und des san de wenigsten.

Das ist ja eine verschwindend geringe Minderheit! Und darauf, meine Damen und Herren, war doch der Paragraph schon damals abgestimmt.

Es konnte doch niemand vorhersehen, daß dieses zertrümmerte, darniederliegende Land wieder einmal unser schönes Deutschland wird und alles, was arm is und zwoa Haxn hod, ausgerechnet zu uns einadruckt, die Segnungen des Sozialstaates genießt und sich wie die Laus im Pelz aufführt, volkstümlich ausgedrückt. *(Setzt nach, gegen imaginären Protest)* Das Volk wünscht eine kräftige Sprache und nicht die leere linke Phrase, meine Damen und Herrn von da Opposition.

40 und mehr tausend Asylsuchende monatlich an unsern Grenzen vorher und jetzt – trotz der ewigen »Bessermahner«, wie ich sie nenne – die sozusagen also, die Nullkategorie! Friede herrscht wieder an deutschen Grenzen.

(Schelmisch) Da tröpfelt zwar immer noch der eine oder andere arme Schlucker durch, aber *(philosophisch)* jede prakti-

sche Lösung ist eine Annäherung, und des is, meine Damen und Herrn, vielleicht auch gut so.

Wir sind keine Unmenschen.

(Feierlich) Ich stelle fest: Die Verfassungsänderung hat sich gelohnt! Wir haben mit der Änderung als einem ersten Schritt sogar die Verfassung dem Bürger nähergebracht. Jetzt mag er sie lieber.

Wir haben Volk und Staat ein Stückerl weit versöhnt, und des soin uns erscht amoi die rotn Rotzlöffl nachmacha. *(Kollegial)* Des sagi natürlich nur zu erna, Frau Tscherni, gell!

(Neu) Der überwiegende Teil des deutschen Volkes will und wollte keine durchrasste Gesellschaft, wie unser verehrter Herr Ministerpräsident – jetzt allerdings nur noch im kleinen Kreis – zu sagen pflegt. Wenn zu die 6 Millionen und ein paar zerquetschte, de ma eh scho an Auslända ham, weiterhin jährlich eine halbe Million Asylanten gestoßen wäre – dann, ja dann ko doch jeda nach Adam Riese ausrechna, wann der Deutsche in Deutschland in die Minderheit gerät. Und ich hebe warnend den Finger: Der Deutsche braucht eine gewisse homogene Masse, um sich überhaupt erst einmal ohne viel Nachdenken als Deutscher identifizieren zu können. Jeder Minister schwört, Schaden vom deutschen Volk abzuhalten. Schaden abhalten hieße in diesem Kasus Ausländer abhalten. Des hamma erfolgreich getan, und die andern ham zuastimma miassn, sunst wär erna as Volk von da Vafassung davon glaffa.

(Neu) Nach dem ersten Schritt kann der zweite folgen. Wir müssen nun an den rechtsstaatlich garantierten, geordneten Rückzug der Ausländermassen heim in die Heimat denken, bis wir wieder ein vernünftiges Gleichgewicht haben, wo einem hin und wieder – oder sogar öfter – ein Ausländer begegnet, den man freundlich grüßt, weil er jemand besucht und eine Rückfahrkarte hat. Freiwillig wohlgemerkt, *(lacht)* nicht vom deutschen Steuerzahler finanziert. *(Spielt es)* Jaja, da höre ich schon wieder die Damen, die besonders *(lacht)* und Herrn von der Opposition aufheulen – was Sie noch immer nicht begriffen haben: Sie schreien gegen das Volk, wir schreien mit dem Volk, das unterscheidet den Demokraten vom Diktatoren. *(Spielt wilde Rufe von den Oppositionsbänken)* Was machen wir denn für ein Bild in der Öffentlichkeit, wo mir live auf Sendung sind? Ein bißl mehrer Achtung vorm Parlament tät Ihnen

nix schaden, meine Damen und Herrn von der Opposition, noch dazu, wo es sich heute ja um einen Gedenktag handelt. Bei dieser Gelegenheit muß man auch einmal sagn, daß also der historische Begriff des Gastarbeiters heute überholt ist.

Der Gast arbeitet nicht, der Gast ist ein Gast und fährt wieder heim!

Die Arbeit ist heute kostbar und muß erst amal, ah, also, ah wieder deutsch sein, dann sehn mir weida. Darum lehnen wir auch Vorstöße selbsternannter Verfassungsverbesserer ab, die ein Recht auf Arbeit in die Verfassung aufnehmen wollen. *(Laut)* Meine Damen und Herrn, das Grundgesetz muß, mags auch schwerfallen, an die Realitäten angepaßt und nicht in seiner Realitätsferne noch verstärkt werden. Das Recht auf Arbeit ist eine Utopie, und Utopien gehören in kein deutsches Gesetz. *(Beruhigend)* Es war sicher in der Aufbauphase Deutschlands ein Übermaß an Arbeit da, die das deutsche Volk – dezimiert durch die Kriegserscheinungen – nicht bewältigen konnte. Aber das ist vorbei, das muß die Welt bittschön auch wissen. Außerdem ist zu fragen: Wer von die Auslända ist nur da, und wer geht tatsächlich einer geregelten legalen Beschäftigung nach? Wie hoch ist – tatsächlich – der arbeitende Anteil am gesamten Ausländeranteil.

Daraus könnte man, ohne große geistige Verrenkungen, meine Damen und Herrn, Schlußfolgerungen darauf ziehen, wie viele Ausländer Deutschland tatsächlich verkraften kann. *(Spielt Empörung bei der Opposition)* Denken, denken, meine Damen und Herrn von der Opposition, mag ja bei Ihnen verboten sein, bei Ihnen denkt die Baracke, aber bei uns denkt jeder. Das ist der Unterschied.

Ich fahre fort: Es gibt Beispiele, wo man sich Anregungen holen kann, die Schweiz zum Beispiel. Ein Ausländer, der länger in der Schweiz ist, hat eine Arbeit, oder er ist reich. Wenn er keines von beidem ist, ist er nicht lang in der Schweiz. Stichwort: Saisonarbeiter.

Um nicht ins Uuuferlose zu geraten, meine Damen und Herren – *(denkt nach, bricht ab)* ah, Frau Tscherni, tuns den ganzen Absatz mit der Arbeit weg, des is ned direkt Sinn des heutigen Verfassungsänderungsgedenktages, und außerdem hamma seit da Wiedervereinigung sowieso 17 Millionen Arbeitsscheue vom eigenen Fleisch und Blut, die kannten doch von manchem Türken lerna, was Fleiß und Genügsamkeit is.

Bleibma bei dem Satz: Der Gast arbeitet nicht, der Gast ist ein Gast. Des is klar und laßt jede Möglichkeit offen.

Ich fahre fort – nein, Frau Tscherni – ich fasse zusammen, die Hammel hamma ja bloß a paar Minuten Redezeit gebn: Zum Jahrestag der Grundgesetzänderung erfüllt uns Freude und Genugtuung. Langsam kehrt in unser Land wieder Friede und Nebeneinander ein.

(Telefon klingelt.)

FRAU TSCHERNI *(hebt ab)* Büro Meierhauser – Tscherni – ich schau einmal, ob er da is –

ABGEORDNETER Wer isn?

FRAU TSCHERNI *(leise)* Der STERN.

ABGEORDNETER Was woin an de?

FRAU TSCHERNI Um was gehts denn bitte? – Ich frag ihn amal *(leise)* zwengs unserm Grundgesetzänderungsgedenktag.

ABGEORDNETER Gems nur her, mit dene Mantelpaviane *(grinst Frau Tscherni an)*, ja des san de mit de riesigen rotn Arschlöcher, Frau Tscherni, weri imma no fertig. Hallo? – Ja. Jaja. Daß nach Mölln Solingen war, woassi a, es war sogar no mehra in da Zwischenzeit. *(Belehrt)* Unsa Verfassungsänderungsgedenktag steht in einem schützenden Zusammenhang mit Mölln, Solingen und anderswo. Da brauchma koane bsondan Verrenkungen, und – aber ich bitt Sie, Sie stellen doch die Sachen auf den Kopf, da muß ich mir ja den Kopf – wenn Sie über mich im STERN positiv schreiben dadn, miassert ich ja meinem Fraktionsvorsitzenden an Rechenschaftsbericht gebn *(lacht kollegial)*. Na also. *(Ernster)* Wo auf vernünftige Ausländerpolitik zum Wohle aller – Fanatismus der einen oder anderen Seite kommt, ist das Unglück vorprogrammiert. – Bestimmt nicht, für uns bestimmt nicht. – Anders werd a Schuah draus. *(Laut, etwas entnervt)* Die Toten kann niemand mehr lebendig machen. *(Nickt, schnauft)* Ausländische Tote sind auch Mitbürger. Freile. Des weiß ich auch, aber ich frage, warum haben sie sterben müssen? Wenn es nach uns gegangen wäre, gäbe es keine toten Türken in Solingen und weiß der Deife wo, keine ausgebrannten Häuser und Geschäfte mit toten Frauen und Kindern, weil in diesen Häusern, wenn es nach uns gegangen wäre, keine Türken wohnen würden.

Sicher, *(hört zu, wütender)* aber wenn man die Grundgesetzänderungsbefürworter, die ja interfraktionell sind bitteschön, als intellektuelle Brandstifterbande hinstellt und von solcher

Infamie eben nicht zurückschreckt – dem sei entgegengehalten: Wenn es nach uns gegangen wäre, würden die toten Türken noch heute friedlich in ihren anatolischen Dörfern leben, weil sie nie weggezogen wären. Das ist doch ein klarer Sachverhalt, der muß doch sogar am STERN einleuchten. *(Hört zu, erschöpfter)* Ich bin auch nach einem Jahr noch erschüttert und empört, nicht nur Sie. Der Rechtsradikalismus ist ein *(hört zu, kommt aus der Fassung)* scho wieda? Heit nacht scho wieda – mit einem Bekennerschreiben zur Feier unseres Grundgesetzänderungsgedenktages? Ja, *(schnauft, erregt)* des Saugsindel des, des gottverfluchte, ja, ja mei, ja was soll man denn da sagen, mehr sagen als wie diese dreckerten Saubuam, diese dreckerten, die Deutschland in den Dreck ziagn, diese Hund – kennas erna amal vorstelln, was des wieda für Auswirkunga im Ausland hod. I siegs scho wieder vor mir: News Week, Time Magazine und diese Saufranzosn, Le Figaro sogar, dieses ungwaschene Gsindel wies wieder über uns herfallen landauf landab vom Bosporus bis zu die Dardanellen, ah, von Oslo bis nach bis nach ja nüber zu die zu die amerikanischn Oberjuden nüber wegn ein paar ungwaschene Rotzlöffeln, die ghern einfach aufghängt die solltma aufhänga, die 3 oder 4 Buam da, de die wieviel sans denn, des san doch ned viele, kann man doch koana vazein daß des so viele san, an starken kräftigen Kirschbaum her und nauf damit, mit dene alle, nacheinand, oana nachm andan, des wär *(außer Atem, wild)* also Sie seng wirklich, mir ham, wir ham mit dem nix zu tun man steht man ja verfassungslos davor. *(Schnauft, denkt nach, dann hell erleichtert über die Eingebung, ruhiger)* Ich denke, daß im Angesicht dieser Sauereien die *(hell)* Todesstrafe einfach wieder auf die Tagesordnung das Tablett muß, auch da ist eine Grundgesetzänderung scheint mir uns wie vonnöten, also kurzer Prozeß, fertig weg. Weil, ein anständiger Deutscher versteht diese Dreckfinken nicht, die schlafende Mütter, Kinder, Greise, Menschen, ausländische Menschen schlafend anzünden und verbrennen, ich und meine Fraktion werden alles tun, um weitere Schandtaten zu verhindern. *(Schnauft)* Ein Moment, ein sehr guter Moment, um die Todesstrafe an der pazifistischen Gefühlsduselei der Opposition, Teile der Opposition, die meisten sind ja eh vernünftig, vorbei. Eine Mehrheit. Ja Politik heißt handeln, das Grundgesetz muß da geändert werden, die Todesstrafe muß wieder eingeführt

werden, *(mahnend)* schon um der Lynchjustiz zuvorzukom-
men, der Staat muß sich wehren, ich werde eine entsprechende Initiative auf den parlamentarischen Weg bringen, das
Grundgesetz ist schließlich und endlich der Ausfluß der deutschen Kapitulation anno 45, das soll man nie vergessn. *(Feierlich)* Ich werde mich dafür verwenden. *(Schnauft, schwitzt,
Blick zu Frau Tscherni, ehrlich)* Etz frage ich Sie vom STERN, ra-
dikaler kann man so was doch ned angehn, des is doch wirklich das Radikalste, wasma machn kann, was ich jetzt da hier
tu. *(Schnauft tief, erleichtert)* Des war doch selbstverständlich.
Wenn man die Wahrheit einmal sagen kann und damit auch
noch modern ist, tut man es auch. Danke. Auf Wiedersehen.
*(Legt auf, Pause, schweißig und erschöpft schaut er Frau
Tscherni an.)*

FRAU TSCHERNI *(freundlich)* Bravo!

ABGEORDNETER *(nach einigem Nachdenken)* Jetzt passens einmal
auf, Frau Tscherni, der Anruf bringt mich auf einen Gedanken.
Es kann ja sein, daß der Tag aus sich selbst heraus sozusagen
eine Dynamik entwickelt, die die Arschlöcher vom Fraktions-
vorstand gar nicht ahnen, und dann steh ich vielleicht mit einer
großen Zustimmung vor dem Hohen Haus und hab keinen
Text mehr und könnt mich in den Hintern beißen. Machma weiter, und setzen die Rede wie folgt fort, stichwortartig sozusagen, den Rest extemporiere ich dann, je nach Stimmung und
Akklamation. Meine Damen und Herrn, der Grundgesetzänderungsgedenktag ist ja kein Tag wie andere Feiertage, nach hinten gewandt, sondern er greift vorwärts. Er erweitert, er ver-
größert, er schafft Neues, indem er vorausieht. Ich meine,
meine Fraktion möchte, daß jeder Bürger, der lesen kann, das
Grundgesetz mag, weil er sich damit identifizieren kann. Wir
könnten uns vorstellen, den Grundgesetzänderungsgedenktag unter das große Motto zu fassen: Vom deutschen Mauer-
blümchen zum völkischen Bestseller. Meine Damen und
Herrn, auch und grade von der Opposition, das müssen doch
auch Sie zugeben, nur wenn sich ein Volk mit seinen Gesetzen
identifizieren kann, weil es sie versteht, kann es sich mit seinen
Verfassungsorganen und mit den Ausflüssen derselben, bis
zum letzten Verkehrspolizisten sozusagen, identifizieren. Wir
ändern ja eh nur, was nicht mehr haltbar ist. Wir ändern, was
niemand mehr versteht. Damit verhindern wir sozusagen, daß
eine unsichtbare Wunde der Unsicherheit vor sich hin blutet

und weiß der Teufel was anstellt. Klarheit ist gefragt. Was also ist zu tun? Meine Damen und Herrn, machen Sie doch selber die Probe aufs Exempel und greifen Sie einfach mal hinein in dieses Gesetzbuch und blättern Sie, wie ich es getan habe, und stoßen Sie auf irgendwas und lesen Sie es und prüfen Sie es. *(Er tut es, blättert, nimmt den Finger, stößt wo drauf, liest.)* Da haben wirs doch schon, zum Beispiel Art. 10: Das Briefgeheimnis sowie das Post- und Fernmeldegeheimnis sind unverletzlich. Ja, meine Damen und Herrn, da lacht sich doch die Mafia tot, des muß doch angepaßt werden. Oder, *(blättert wieder hin und her, liest)* Art. 14/2: Eigentum verpflichtet, sein Gebrauch soll zugleich dem Wohle der Allgemeinheit verdienen ah dienen. Sogar eine Enteignung ist möglich, ist zum Wohle der Allgemeinheit sozusagen zulässig. Da steht es. Ja meine Damen und Herrn, da grinst der Bader Meinhoff doch mit der geballten Faust ausm Grab. Da blätter ich aber jetzt bloß so vor mich hin und find solche Sachen! Meine Damen und Herrn, das Grundgesetz ist ein wichtiger historischer Steinbruch, aus dem wir einen gepflegten deutschen Ziergarten machen werden. *(Blättert und liest)* Die Würde des Menschen ist unantastbar. Ja freilich, aber doch nur, wenn sich der Mensch, der angesprochen wird, auch als solcher verhält. *(Liest)* Alle Menschen sind vor dem Gesetz gleich? Wirklich, meine Damen und Herrn, und ist das wünschenswert? Die Faulen und die Fleißigen? Die Kranken und die Gesunden? Die Deutschen und die Andern? Die Kriminellen und die Ehrlichen? Die Krüppel und die vom Turnverein? Die Aidskranken und die Krankenschwestern vom Dritten Orden? Ja, meine Damen und Herrn, das spricht doch dem Rechtsempfinden der Bevölkerung Hohn! Hohn und Spott! Oder: *(liest)* Jeder hat das Recht auf Leben und körperliche Unversehrtheit. Die ungestörte Religionsausübung wird gewährleistet. Ja was soll denn des heißen? Soll das heißen, daß die Moslems in deutschen Kellern den Tieren die Kehle durchschneiden dürfen und mir ruhig zusehen, wie das Blut in die nicht vorhandene Kanalisation fließt? Das kann doch nicht gut sein! Oder: Jeder hat das Recht, seine Meinung in Wort, Schrift und Bild frei zu äußern und zu verbreiten. Soll das heißen, daß die Bildzeitung nur noch aus Leserbriefen bestehen darf? *(Lacht)* Meine Damen und Herrn, die Sache ist ernster, als wir uns das alle vielleicht träumen lassen! Denn das sind ja nur zufällige Zitate aus den ersten Seiten, die ich ansatzweise durch Weiterdenken sozusagen kenntlich mache. Aber da sehen wir doch schon, welche Lebensferne dieses Gesetzbuch inzwischen erreicht hat, da liest sich, salopp ausgesprochen, die Bibel doch wie ein moderner Krimi dagegen. Abschließend, meine Damen und Herrn, abschließend am heutigen Tag, voraus abschließend sozusagen am heutigen Tag meine Damen und Herrn, lassen sie mich folgendes feststellen: Wenn wir das Grundgesetz retten wollen, müssen wir es an die deutsche Wirklichkeit von 1994 anpassen. Es gibt viel zu tun, packen wirs an! Ich danke für Ihre werte Aufmerksamkeit. *(Sehr schweißig, erschöpft, aber glücklich, schaut er Frau Tscherni an.)*

FRAU TSCHERNI *(freundlich)* Bravo!

Ich wünsche mir
eine Arbeit
eine Familie
und ein Glück

Ein Glatzkopf; er starrt sein Gegenüber sehr lang an, schaut wieder weg, wieder hin, es reißt ihn, er kichert, er starrt, er haßt. Er spricht.

GLATZKOPF Du Kameltreiberfrau von eine Kameltreibermann. Du finde keine Platz in Welt und komme zu uns. Deutschland viel gut. Für Deutsche. Für Kameltreiber viel schlecht. Du wiederhole. *(Verschleierung schweigt)* Schleier in Deutschland nix modern, deutsche Frau hat nix zu verberge. Du tue Schleier herunter von deine dreckige Ausländerfresse. *(Verschleierung schweigt)* Du nix höre du nix tue du nix glaube was dir deutsche Mann in Deutschland sagt Kameltreibertrau! *(Verschleierung schweigt)* Du in deine Heimat stehe wenn deine Mann sitze. Du erweise deutsche Mann dieselbe Respekt wie deine Kameltreibermann. *(Verschleierung schweigt)* Wennst etzan ned aufstehst und dein Scheißarsch bewegst reißida dein Schleia von da Fotzn. *(Verschleierung schweigt, er tut es, hinter dem Schleier der vermuteten moslemischen Frau ist ein:)*

TOTENKOPF *(grinst.)*

GLATZKOPF *(starrt)* Entschuldigung. Ich steig gleich aus, danke.

Zur klaren Aussicht
oder
Ein anständiger Nazi wehrt sich

Einer ist total verzweifelt und versucht einem Haufen Aktivisten auf deutsch und bayrisch gewisse Kenntnisse beizubringen, die er für unerläßlich hält:

Da paßta de ganze Richtung ned i moan ihr spinnts ja ihr seids ja geschichtlich total aufm also auf am soichan Idiotenhammer a Großteil von die Türken des san die bessan Nazis wia mir des koni euch fei song des isa des isa so was von blödsinnig also wirklich den Hitlergruß soittma eich verbietn ihr seids ja zblöd für diese Gnade gibts denn koane andan auf die man sein Augnmerk richtn ko ois ausgerechnet auf die fleißigen deutschfreundlichen national eingestellten gegen Terrorismus und Kommunismus kämpfenden Türken also so was von blöd es Deppn es der Türke steht für Recht und Ordnung für Fleiß und Anstand am Bosporus mehr als wie nehmts einmal die Polaken dagegen die miassn im neia Europa vor allem eins lerna arbeiten arbeiten und wieder arbeiten und Maul haltn aber der Türke bestimmt ned oder des korrupte Spaghetti-gsindl, mit ernam Mussolini die san uns ins Kreiz gfallen wennma a bloß a bißl a Ahnung von Geschichte hod wie die gmerkt ham daß abwärts gäd midm Deitschn Reich sans um-gschwenkt awa des isa eich zhoch der Türke ist nicht umge-schwenkt der hat ein Übermaß an Sympathie für uns ghabt und erst wie alles zu spät war wie er nimmer auskönnen hod hodda am 23.2.45 sogt eich des was es Deppen sage und schreibe am 23.2.45 hat er die Neutralität aufgehobn und dem Deitschen Reich den Kriag erklärn miassn ungern und mit dem Zwang der Alliierten Scheißhaufen die ihn geächtet hätten wenna bis zum Schluß neutral gwesen wär und etz froge eich wann hat uns da Spaghettifresser verraten zerscht hodda an Griechn überfoin nachat hodda as Deitsche Reich zu Hilfe braucht gega an Griechn ich sage nur Kreta da liegen deutsche deutsche Soldaten da liegen überall deutsche Soldaten aber der Türke doch ned der Türke also so was es Deppn es Com-mandante Hitler gut des san für viele die einzigen türkischen Worte dies auf deitsch kennan fahrts einmal hin ungeheuer deitsch-freindle die bewundan die lieben uns die woin so wern wie mir bloß weils an Haufa Knoblauch fressn und ind Moschä gengan san des noch lang ned soichane von da andern Seitn da weni die Wahl hab zwischen Polaken und zwischen Italiener oder Griechn oder zwischn Franzosn de Grand Nazion da samma de Türkn ja beim Arsch liaba wia die Grand Nazion beim Gsicht oder die Rumänen oda die Bulgaren und da Russe es gibt keine russischen Gastarbeiter warum weils ned arbeiten und warum gibts soviel türkische weils sie tuhen was das Gute zieht sich an das Schlechte tut nichts sicher es gibt nimma sovui andane da ko ma sich scho amoi irren weil daß des klassische Feindbild der Jude oder der Kommunist ja em Fehlanzeige finds ja koan mehr und wenn dann ghört er ausgstopft und ins deitsche Museum gstellt damit die Nachkommen überhaupt no wissn gega wen mir kämpft ham awa na muassma em weida schaung Schwarzafrikaner Asiaten Tamilen und so Zeigl Ghana oda wos halt her san aus Sri Lanka dene wo mas osiegt daß ned herpassn aba der Türke den lassma in Ruah des isa Mensch wie du und ich hoits euch an die Schwulen die Schwulen verbreiten AIDS wie früher der Jude seine Geschlechtskrankheiten des is gar kein Vagleich zwischen Türken und den Juden der Jude isa in die Deitsche Volksgemeinschaft hineingestochn der hat sich ja assimiliert der Jude hat ja in einem Anfall von Wahnsinn gmoant er ist auch ein Deutscher keine Türkenfrau würde sich getrauen an Deitschen de werda abgstocha vun ihra eigenen Familie de Nürnberger Rassegesetze waren doch bloß beim Judn notwendig da Türke achtet Rasse Recht und Religion des miassts eiseng da Türke ist das falsche Objekt es laffa doch so vui andare rum die Welt ist doch voll von Auslända de ganzn drecksfauln Osteuropäer faul und frech da Türke der huift uns doch daßma des daarbeitn wosma dene Scheißrussn und Poln und sonstigem Gsindel in Arsch neiblosn wenn Deitschland noch elnmal zur Entscheidungsschlacht antritt ja soin mir des alloa macha des hoda da Hitler a ned alloa gmacht mir ham doch Verbündete ghabt aber ebn was für Verbündete guad die Japaner die warn guad awa de warn zu weit weg und diese Scheißitaliener de wies hoass worn is an Schwanz eizong ham und Hosianna zu die Amis gschrian ham wenn Deutschland nochamal in die Weltarena tritt dann braucht es Verbündete und zwar bessere wia as letzte Mal da is der Türke gradezu prädestiniert das Bollwerk gega an Kommunismus und die

Anarchie gegen Judentum und Erbschleicherei er will mit uns kämpfen und deswegen sag ich es euch im guten es Deppen es mag manches brennen in Zukunft in Deitschland der Türke nicht Deitschland braucht Türkland Sieg Heil aber richtig

Ziel

Ein deutscher Urlauber am Flughafen vor einer Kamera und einem Mikrophon einer weißblauen TV-Anstalt. Er spricht bewußt hochdeutsch, nur den letzten Satz nicht.

DEUTSCHER URLAUBER Für mich endet die Pauschalversöhnungsreise nach Israel deprimierend. Ich bin hingefahren, um alles zu verzeihen und zu vergessen, aber der Jude will das nicht. In Israel schon gleich gar nicht. Er weiß immer alles besser, er hat immer recht, und er ist grade uns Deutschen gegenüber sehr halsstarrig und reserviert. Von Versöhnungswillen keine Spur. Wir fahren nächstes Jahr wieder nach Jesolo mit oder ohne Algen. Zu Israel sag ich einen guten Rat aus ehrlichem Herzen: Nur weis amoi vahoazt worn san, hams aa ned oiwei recht.

Justiz

Der Richter, der Oberstaatsanwalt, der als Behördenleiter hilft, der dezente Ministerialdirektor und der Kammerpräsident; Gerichtsangestellter.
Besprechungszimmer im Justizgebäude. Meistens kollegialer Ton.

MINISTERIALDIREKTOR *(dezent)* Also des tut mir jetzt scho leid, Herr Kollege, aber sehn Sie sich denn ned in der Pflicht?
RICHTER Ja schon, aber ich kann doch jetzt amal ein Urteil mitm üblichen Strafmaß aussprechen, und dann kann ja die Revision ein staatsmännisches Urteil fällen.
OBERSTAATSANWALT Jetzt hörens doch auf, es verlangt doch von Ihnen niemand, daß ihn zum Tode verurteiln.
KAMMERPRÄSIDENT Sie sollen den Strafrahmen ausschöpfen. Des is alles.

RICHTER Den vom Jugendstrafrecht –

OBERSTAATSANWALT Mitm Jugendstrafrecht kommns nicht hin. Da geht gar nix.

KAMMERPRÄSIDENT Sie miassen mitm Erwachsenenstrafrecht arbeitn, dann hamma an Mord, die Tat is heimtückisch ausgeführt, niedere Beweggründe, und die Gschicht hodse.

RICHTER Aber wir ham doch hier einen spätpubertierenden Jugendlichen –

OBERSTAATSANWALT Also der Spätpubertierende is an Meter siebzig groß und wiegt fast zwoa Zentner –

RICHTER Äußerlich, weil er fettleibig ist, aber –

OBERSTAATSANWALT Innerlich hodda a gewaltige kriminelle Energie und einen sehr reifen Fanatismus.

RICHTER Er hat zweikommasechs Promill ghabt zur Tatzeit!

MINISTERIALDIREKTOR De vatragn halt nix mehr, die junga Leit.

RICHTER Ein Täter, der aus einem ausländerfeindlichen, naziverseuchten Elternhaus kommt. Der Vater hat überhaupt nur von Saujuden und Drecksasylanten geredet, die Mutter behauptet, sie werde jede Woche mindestens einmal in der S-Bahn von einem Türken unsittlich betastet, der Opa verehrt Karl May und Adolf Hitler, der Lehrer ist ein Republikaner, die einzige aktive Jugendgruppe am Ort ist eine Wehrsportgruppe – wohin sich der Junge orientiert hat, er is doch automatisch mit rechtsradikaler Praktik in Berührung gekommen. Er hat ja gar nix anders gekannt, und zusätzlich war er wegen seiner Fettsucht Objekt dauernden Spottes – und da hams erm gsagt, wenn er den Brandsatz schmeißt, darf er in der Gruppe bleim, und wenn ned, schmeißens ihn naus – des würde doch in jedem andern Fall Jugendstrafe bedeutn. Ich kann doch dem Buam ned lebenslänglich gem ...

MINISTERIALDIREKTOR Die Welt will von uns Taten und keine Psychologie. Mir ham auswärtige Investitionseinbrüche in Milliardengröße, der Ami zieht sich vollkommen verschreckt aus Ostdeutschland zruck, und wenns aso weitergeht, is Made in Germany in da Welt drausd bald genauso verlockend – *(kollegial)* wia das Arschloch von am aidskranken Stricher – wie der Herr Minister im kleinen Kreis zu scherzen pflegt.

KAMMERPRÄSIDENT Deutschland braucht ein deutliches Zeichen. Mir miassn klarmacha, daß die von Ihnen geschilderten Verhältnisse abnorm san, und ned mit wohlfeilem Psychologismus so tun, als gäbs des an jedm deutschn Straßeneck.

MINISTERIALDIREKTOR Abstand, meine Herrn, das Ministerium wünscht Abstand.

OBERSTAATSANWALT Is erna denn des ned klar, daß ein hartes Urteil vor allem eines hoaßt: Da is der Täter und da is Deutschland und des eine hat mit dem andern nix ztoa.

RICHTER Na brauchma des Lebenslänglich nur fürs Ausland?

OBERSTAATSANWALT Sie ham vielleicht einen Fanatismus.

RICHTER Nehmen Sie mir doch das Verfahren weg, ich leg es zurück wegen Befangenheit, wenn Sie wollen.

OBERSTAATSANWALT Sie sind wohl wahnsinnig geworden – des Verfahren lauft wie am Schnürl, da gibt koana was zruck.

KAMMERPRÄSIDENT Es geht ums deutsche Ansehn in der Welt. Reißen Sie sich doch zusammen –

MINISTERIALDIREKTOR Jeder Eseltreiber weiß, wo seine Heimat ist, und Sie – also entschuldigen Sie schon, Herr Kollege.

RICHTER Ich hab ein anonymes Schreiben bekommen, da steht drin: Denk daran, daß du Kinder hast. Darunter is ein Hakenkreuz –

KAMMERPRÄSIDENT *(schaut)* Tatsächlich is da ein Hakenkreuz –

RICHTER Also wir schlafen ja schon länger im Parterre – Gott sei Dank hab ich damals keine Eigentumswohnung – ein Penthouse hätte meine Frau gerne – war aber zu teuer – ein Einfamilienhaus mit Parterre und nur einem Stockwerk, Gott sei Dank – ein Bungalow wär noch besser. *(Starrt seine Partner an)* Wenn ich nach Erwachsenenstrafrecht aburteile, zünden mir die doch die Bude an, die schrecken doch vor nichts zurück.

OBERSTAATSANWALT Also Sie argumentieren doch bereits in die richtige Richtung.

RICHTER Weil ich Angst hab?

KAMMERPRÄSIDENT Die Angst muß man als Jurist überwinden und sich schützend vor Deutschland stellen.

OBERSTAATSANWALT Genau, und eine Verurteilung nachm Jugendstrafrecht isa Schand für Deutschland.

RICHTER Und eine Verurteilung nachm Erwachsenenstrafrecht ist eine Schande für das Recht.

MINISTERIALDIREKTOR *(dezent)* Also wenni die Wahl hab zwischen Deutschland und dem Recht ...

KAMMERPRÄSIDENT Herr Kollega, sans froh, daßma no koa Zwoadrittelmehrheit für die Wiedereinführung der Todesstrafe habn. *(Lacht)* An Lebenslänglichen koma begnadigen. An Totn ned. *(Jovial, offen)* Was ham mir für Urteile fälln müssn, wie mir jung warn und glernt ham, sans froh – und ich hab meine Urteile auch überlebt und bin nicht gestorben.

OBERSTAATSANWALT Vielleicht tuns ihm sogar an Gfallen, Ihrm Angeklagten, sehn Sie es amal von der Seitn: a Märtyrer is ned des Schlechteste.

RICHTER Ich will ihm keinen Gfallen tun, ich will, daß das Recht, das ich seit 10 Jahren spreche, das gleiche bleibt, und ich will, daß ich der gleiche bleibe und mich weder von politischen Forderungen noch von Nazidrohungen einschüchtern lasse.

KAMMERPRÄSIDENT *(sauer)* Na, des war awa etz a komischer Zungenschlag, findens ned, eine sonderbare Gleichstellung durch Gegenüberstellung, Herr Kollege?

MINISTERIALDIREKTOR Sie tun ja so, als würds zwischen Deutschland und dem Recht einen unüberbrückbaren Gegensatz geben, als müßt man sich für die eine oder andere Seite opfern, *(schnauft, kleine Pause)* da gibts einen großen Klärungsbedarf, aba die brauna Rotzlöffel spucken uns da ned ind Suppn. Des soittma dem Gsindel auch klarmacha, nebenbei.

RICHTER *(flehentlich)* Der Junge ist doch nicht nur Täter, der Junge ist doch auch Opfer, und bisher hamma doch immer versucht den Täter zu verstehn.

OBERSTAATSANWALT *(echt empört)* – Und die Asche von den toten Türkenmädchen streuma in Wind, aber aus dem deutschen Täter machma a Milieuopfer oder wie?

RICHTER Mir machen klar, daß nicht der Junge allein schuld ist, sondern die gesellschaftliche Umgebung, *(verzweifelt)* die Kräfte, die ihn umgaben auch ah Anteil –

OBERSTAATSANWALT Was woins damit sagn, daß mir alle Nazis san?

MINISTERIALDIREKTOR *(ziemlich erregt)* Alle zeigen mitm Stinkefinger auf uns, und da kommen Sie mit Ihrem Jugendstrafrecht – das machen Sie doch absichtlich Sie – gebn Sie es doch zu.

RICHTER Gerechtigkeit auch in diesem Fall!

OBERSTAATSANWALT In diesem Fall gibts keine abstrakte Gerechtigkeit, in diesem Fall gibts das Recht, genügen Ihnen denn die verkohlten türkischen Mädchen nicht –

MINISTERIALDIREKTOR *(erregt)* Kinder – da kann ich doch nur sagen, Schande, Schande über Deutschland – wenn der Richter nicht weiß, wo das Recht ist – man schaut auf uns, das dürfma nicht vagessn. Die Welt will Taten sehen und nicht – also Verständnis, also – daß ein Mensch – ein junger Mensch in Deutschland

- psychologische Erklärungen, daß ein junger Mensch in Deutschland, daß ein junger Nazi in Deutschland nichts Besonderes ist.

GERICHTSDIENER Der Saal ist bis auf den letzten Platz voll, darf ich die Herrn bitten ...

RICHTER *(schaut verzweifelt in die Runde.)*

KAMMERPRÄSIDENT *(dezent, aber deutlich)* Kopf hoch, Herr Kollege! Das Recht wird sich seinen Weg schon suchen.
(Nicken.)

Aufenthaltsregierungserklärung

Pressekonferenz, und einer
spricht es deutlich aus.

I moan, a paar Althippis von
da Opposition seng des andas,
awa die Wasserscheide verläuft
zwischen arbeitendem und nicht
arbeitendem Volk. –
Arbeit macht frei? –
Mit mir ned, i bin oana der
wenigen, der koan Gedenkgottes-
dienst in Dachau auslaßt.
Genau.
Arbeit tut gut – oder Arbeit
ist in, mega-in! –
Da machert i mit.
Man muß erst modern sein und
dann zuschlagn.
Die alten Zöpfe müssen ab.
Gott liebt Deutschland wieder,
des spürt man, oder?

Aufklärung

Scheißgegend in Klonähe; Kinder/Stricher, die sich langweilen und die Langeweile als Gewalt verarbeiten.

ZWO Awa du bist doch koa Nazi.

EINS Weilma an guadn Freind had, brauchtma no lang koa Nazi sei.

DREI *(nickt.)*

ZWO Wenn da Freind oana is.

EINS Freind is Freind und heilig is heilig.

DREI *(nickt.)*

ZWO De nutzn di doch bloß aus und machen ses in deim Arsch umsonst bequem.

EINS De nutzn mi ned aus.

DREI *(lacht.)*

ZWO Awa bequem machan se ses.

EINS Wenns ma nix schadt. Bessa fia an Deutschn oaschaffa ois fia an Auslända, ein Deutscher ist niemals ein Ausländer.

DREI Ich liebe die Ausländer. *(Tut, als würde er was abschneiden.)* Heit aufd Nacht werdn Polakn geschlacht wera Polakenfleisch mog der soi nachfrong de Dog.

EINS Mog wos.

ZWO I ned.

DREI *(packt Zwo am Hosenlatz)* So kloane Stricha kriang aa a rosa Dreieckerl. *(Malt es ihm auf die Stirn)* Weil der männlichste Jud is imma no weiblicher als der weiblichste Arier, du Arschloch. Prost, Sieg Heil.

EINS *(laut, blöd)* Heil Hitler.

DREI Du lernst as nia, Heil Hitler is verbotn, Sieg Heil kenas uns ned nehma.

EINS *(lacht, blöd)* Heil Hitler etz kummts ma.

DREI Heil Führer, ich bin bereit.

ZWO *(schreit, weil man ihn mißhandelt.)*

DREI *(fröhlich)* Und etz gemma Judn vagasn.

EINS Genau.

(Sie lassen gleichzeitig kräftig einen fahren. Zwo wird so lange brutal geschlagen, bis er einen kleinen Furz herausdrückt.)

DREI Von wos hastn Angst Depp? Is doch bloß a Spaß! Wo gibtsn no Judn?

EINS Genau.

Wenn der Hahn kräht

Ein Dichter in seinem Arbeitszimmer hoch oben über München;
Blick auf den Alten Peter usw.
Er telefoniert; er hört zu und redet; er schweigt und denkt nach. Er
ist verzweifelt; man muß ihn mögen.

DICHTER Du ich ruf dich an weil ich deinen Rat brauch ich schreib
ein Gedicht ja ich schreib wieder ja ein Gedicht ja ich kann
diese Scheißsituation in Deutschland jetzt nicht mehr schwei-
gend ertragen das gibt mir irgendwie Kraft man darf sich da
nicht verstecken grade der Schriftsteller muß den Mund aufmachen wer denn sonst wenn nicht der ja ich natürlich du aber
etz paß auf ich hab da eine Frage ich schreib also ich kann es
dir ja mal vorlesen es is ja nur kurz also jetzt hör auf wenn ich
dir Karten für eine Premiere verschaff kannst du dich auch ja
klar also paß auf da heißt es der Titel heißt WEITERE AUSSICHTEN
ja wie beim Wetter und dann paß auf
WEITERE AUSSICHTEN / SCHNALL DIR DEN GÜRTEL / ENGER UM DIE
STIRN / DEN WILDLEDERNEN / DEN BAYERISCHEN UND WARTE / AUF DAS
SCHLIMMSTE / VIERZIGTAUSEND IN WORTEN KINDER / STERBEN JEDEN
TAG / AN NOT DIE SIE UMGIBT / MEISTENS SIND ES KEINE DEUTSCH-
STÄMMIGEN / TROTZDEM ISTS KLUG / IN SOLCH UNDEUTSCHER ZEIT /
DASS EINE MEHRHEIT / VON VERFASSUNGSFEINDEN / DAS ASYLRECHT
ABSCHAFFT / UND NEUN SCHARFRICHTER / DAS RECHT AUF ABTREI-
BUNG DAZU / WEIL DIE FRAU / ALS VON NATUR AUS / MORDWILLIG ENT-
TARNT / BRAUCHT REGE DEUTSCHE RICHTERHÄNDE / DIE GEBÄRMUT-
TER IHR / AMTLICH ZU VERSIEGELN
Und jetzt will ich weiterschreiben ja es muß mal einer den
Mund aufmachen es können doch nicht bloß die alldeutschen
Dichterwichser der SPIEGEL ist doch schlimmer als der STÜRMER
war man muß auch von links denen in den Hintern treten und
zeigen ich bin nach wie vor und jetzt hab ich auch wieder einen
Biß freut mich aber ich will ja kein literarisches Urteil von dir
das muß ja nicht sein freut mich aber trotzdem jetzt paß auf
drum ruf ich dich an da heißt es dann in der nächsten Strophe
DER DEUTSCHE MENSCH / WILL DOCH ALS VOLK ÜBERLEBEN / UND DES-
HALB ISTS AUCH / VON NUTZEN DASS DER / NICHT DURCHRASSTE STOI-
BERNAZI IN BAYERN / MINISTERPRÄSIDENT GEWORDEN IST / WAS IN
EUROPAS MITTE / DAMPFEND WACHSE UND GEDEIH / SEI DEUTSCHES
BLUT / NICHT MULTIKULTURELLES ALLERLEI / HEIL STOIBER

Ich möcht von dir nur kurz und klar wissen wenn ich den Stoiber im Gedicht einen Nazi nenn wenn ich den jetzt einen Nazi nenn in dem Gedicht dann kann mir da doch nix passieren oder weil dann ist das Gedicht doch Kunst und die Kunst ist doch frei und ich kann ihn Stoibernazi nennen ohne daß er mir was ja wie ach so die Kunst ist nicht ganz der Schutz der Persönlichkeit die Würde des Menschen steht auch im Grundgesetz Rechtsgüterabwägung also wenn ich dich richtig versteh ist das nicht absolut wasserdicht wenn ich den Stoiber in einem Gedicht einen Nazi nenn dann kann der immer noch mit seinem Persönlichkeitsrecht und da kann es sein daß ein Gericht in Bayern den Ministerpräsidenten in seiner Würde höher einschätzt als die Kunst in meinem Gedicht und daß ich dann doch ach so die Verfassungsrichter Scharfrichter das is in Ordnung ah ja aber der Stoibernazi kann also ein Problem sein ich denk nur nach du wir sind momentan in einer Rezession ich bin nicht grade besonders flüssig wenn du mein Konto kennen würdest ja klar will ich was Radikales schreiben gegen dieses Gesindel aber doch so innerhalb der Kunst sollt es schon sein daß es nichts kostet und daß mir da keiner und ich dann wegen Beleidigung ein paar Tausend Mark nein wenn ich sie hätte würde ich auch was Besseres damit anzufangen wissen ja vielleicht spenden obwohl ich selber auch nicht so gut bei Kasse Scheiße Scheiße Scheiße also das ist mir zu unsicher wenn die erst die Rechtsgüter abwägen da komm ich nie auf gegen den Stoiber neinnein und das Gedicht soll ja nicht für die Schublade damit soll man ja soll ja auf der Straße gekämpft am Marienplatz ich lese es dort wenn mich der DGB einlädt aber wenn das Gedicht eine Beleidigung enthält die nicht hieb- und stichfest durch die Freiheit der Kunst abgesichert ist dann kann sein der DGB die kriegen dann kalte Füße als Veranstalter *(hört kurz zu)* und wie Rassist aha Rassist allein kann ich ihn nennen ach so is aber nicht so schön das is auch schon vom Versmaß her eine Silbe zuviel Stoibernazi würde silbenmäßig passen Rassistenstoiber ist zu lang der nicht durchrasste Rassist ist nicht griffig neinnein der Stoibernazi damit steht und fällt die Strophe warum eigentlich Rassist warum Rassist und Nazi nicht ach so das ist kann eine politische Kategorie sein während Nazi also es gibt doch auch gute Nazis also anständige zumindest warum muß denn Nazi eine Beleidigung sein kann man es nicht so drehen im Falle eines Falles daß man sagt neudeutsch Nazi ist doch eine ehrenwerte Bezeichnung nein da spielt das Gericht nicht mit die Vergangenheit jaja also Rassistenstoiber wäre wasserdicht aber Stoibernazi ist gefährlich ach Scheiße so eine Scheiße da will man mal was schreiben was endlich mal und grade wir von links und dann geht es nicht weil es nicht wasserdicht ist danke ja Tschau is recht ich grüß meine Frau

(Legt auf, zu sich) Und er ist doch einer auch wenn ich es nicht schreiben darf freilich is er kein KZ-Nazi von achtunddreißig sondern ein reinrassiger Bayernnazi von dreiundneunzig aber wenn man es nicht schreiben darf was soll ein Schriftsteller dann machen Brecht und Thomas Mann haben das Dritte Reich auch nicht von München oder Berlin sondern von Kalifornien aus bekämpft das ist ein ganz neuer Gesichtspunkt vielleicht wenn ich von dem aus noch mal an das Gedicht rangeh...

Gröfaz

Scheißgegend; Kinder, die sich langweilen; größere, die die Langeweile als Droge verarbeiten. Unzufriedene.

GLATZKOPF Mein größtes Erlebnis war, wiri amoi mit oam vawechselt wordn bin, demi aba aa wirklich ähnlich gschaut hab.
GLATZKÖPFERL I aa.
GLATZKOPF Depp, wem schaugstn du scho ähnlich!

Mieterschutz

Eine renovierte Wohnung, das Ehepaar und der Vertreter der Immobilienfirma. Man ist freundlich; dezent und nie laut – wie auf einem Friedhof.

VERTRETER Also des is dann des die Küche wie man sieht und da is das Bad und da is dann noch ein kleiner Vorraum oder Hinterraum ganz wie man will und da is dann der sehr schöne Balkon Sie haben da eigentlich von der Früh bis in den späten Nachmittag Sonne weil glücklicherweise das gegenüberliegende Haus ned hoch is ja die Einbauküche die hamma neu gmacht des is also alles neu und mir ham auch im Zuge der Renovierung des Anwesens ganz auf Gas verzichtet weil das Gas ja auch wenn es heute einen sehr hohen Sicherheitsstand hat trotzdem von gewissen Befürchtungen es ist also alles elektrisch vom Herd bis zum Boiler beim Heizungssystem hamma uns für die gute alte in Anführungszeichen Ölzentralheizung entschieden wobei die Wärmeschutzmaßnahmen dafür sorgen daß die Energie ned beim Fenster nausströmt sondern da bleibt wo man sie haben will wenn ich die Herrschaften weiter bitten darf da komma also jetzt in das also in das ehemalige Kinderzimmer das war am schlimmsten betroffen wie jeder Interessierte weiß da is das Fenster das eingeschmissen wordn is des waren alte Butzenscheiben die keinen Widerstand geleistet haben etz hamma wie gesagt da schall- und wärmedämmende Scheiben die also nicht dem erstbesten Wurfgeschoß nachgeben würden die Vormieter ham da ja Sie sind ja keine so kinderreiche Familie also da war ein großes Bett gestanden da ham die beiden Mädchen drin geschlafen da war das Kinderbett das ganz Kleine hat ja Gott sei Dank bei den Eltern im Ehebett da im Schlafzimmer geschlafn aber man kann die Raumeinteilung natürlich auch anders vornehmen ein Arbeitszimmer mit ebenfalls sehr viel Tageslicht zum Beispiel im Grund genommen is des alles total renoviert bis zur Unkenntlichkeit aber wenn Sie sich dafür interessieren und sonst wird ja auch gern die Standardfrage nach dem Vormieter gestellt der Mensch will wissen wohin er zieht wer das Nest vorgewärmt hat sozusagen

EHEPAAR Wer wird denn sonst noch einziehen

VERTRETER Also wir ham jetzt eine rein deutsche Mieterschaft ins Auge gefaßt als Vorsichtsmaßnahme denn sicher ist sicher Sie brauchen auf dem Gebiet keine Angst haben wir wollen das Haus ja ned jedes Jahr renovieren Sie ham deutsche Nachbarn von oben bis unten das garantiern wir

EHEPAAR Was für Deutsche

VERTRETER Wie bitte

EHEPAAR Was für deutsche Nachbarn kommen rein

VERTRETER Also da bin ich jetzt im Detail noch überfragt aber nur Deutsche eben

EHEPAAR Ja aber es gibt doch auch meint meine Frau deutsche Gruppen also Volksgruppen die *(leise, schnell, es ist ihm unan-*

85

genehm) Homosexuelle Linke Bibelforscher Ausumsiedler und so weiter *(Frau nickt)*

VERTRETER Aber denen hat in dieser Gegend bis heute noch nie jemand was getan

EHEPAAR Ja aber der Mietvertrag soll doch über fünf Jahre laufen

Fratze

Ein mageres Pärchen in einer öden Gegend am Pißgürtel einer größeren Stadt. Sie schaut nach wenig mehr aus; er nach noch weniger. Sie müssen alles andersrum spielen, als sie es reden, sonst hat die Szene keinen Witz.

TORSTEN An Deitschland bini weniga intaressiert, awa ma braucht halt seine Freind.

INGE Des san doch ois Nazi.

TORSTEN De ham ebn an Charakter.

INGE *(schlau)* Und der Asiate?

TORSTEN Soll in Asia bleim.

INGE Und der Türke?

TORSTEN Kriagt an Brandsatz in Arsch, mit dema nach Istanbul fliang ko. *(Lacht übertrieben.)*

INGE Und der Jude?

TORSTEN Soll in Judäa verregga, nachat hamma koa Arbad mit em. *(Lacht übertrieben.)*

INGE Und der Ami?

TORSTEN Soll nach Disniländ geh. *(Kleine Pause, ehrlich)* Do mechate a amoi hi. Des is in Paris.

INGE *(schlau)* Bei Paris.

TORSTEN In Paris bei Paris. Da mechti hin. Fahrst mid?
(Stille.)

INGE Mit weicham Geid?

TORSTEN Der Auslända kauft in Deutschland Häuser, und ich kann ned nach Disniländ fahren.

INGE Wenn er fleißig is.

TORSTEN Der fleißigste Türke is immer noch fauler als der fleißigste Deutsche, awa damit der Deutsche seine Überlegenheit ned zeign kann, nimmt ihm der Türke die Arbeit weg und macht sie.

INGE Muasst di halt wehrn, rührn. Zoang, dassd aa wer bist!

TORSTEN Des glaubt mir niemand.

INGE *(sanft)* Arsch.

TORSTEN *(starrt sie an)* Ich tät gern überhaupt nicht mehr reden, sondern nur noch handeln. Im Redn fühl ich mich unterlegen.

INGE Weilst blöd bist.

TORSTEN Du wirst auch noch zu dene ghörn, die geholt werden.

INGE Von dir bestimmt ned, vor solche großdeutschen Trottel, die nicht amal den Quali geschafft ham, hab ich keine Angst.

TORSTEN Ich weiß aber, daß ich einmal nach Paris fahr und der Mickimaus ein Hakenkreuz auf die Stirn mal.

INGE Du mit deine Hakenkreuz isa ätzend.

TORSTEN Ich bin stolz ein Deutscher zu sein.

INGE Sunst wärst ein Auslända.

TORSTEN Ein Deutscher ist nie ein Auslända.

INGE Was isn des Scheißdeutschland für dich?

TORSTEN *(groß)* Ein Ichmacher.

INGE *(lacht)* Du bist du? Du bist arbeitslos und untabelichtet und das verdankst du Deutschland.

TORSTEN *(ehrlich)* Das sagst du nur, weil du keine Angst vor mir hast? Dir werden wir es bestimmt auch noch lernen: Deutschland ist Blut, Rasse und Krieg.

INGE Und dafür bist du?

TORSTEN Ja!

INGE *(überlegen)* Hast du schon einmal gefickt?

TORSTEN Das mach ich erst nach der Ehe, und dann bin ich treu, und wer meine Frau anschaut, stirbt.

INGE *(gleichgültig)* Mein Vater sagt, daß ich mich nicht mit Arbeitslosen einlassen soll; weil die nur dort Arbeit suchen, wo man niemand braucht.

TORSTEN *(gleichgültig)* Mein Vater sagt, daß ich keine Sozisau heimbringen soll.

(Stille.)

INGE Wenn mir zusammenlegen und per Anhalter fahren?

TORSTEN Der Eintritt kost 50 Mark für jedn.

INGE Wennst mir versprichst, dassd keiner Mickimaus ein Hakenkreuz aufs Hirn malst.

TORSTEN Dann tätens einen ja packen und hinausschmeißen, bevor man alles gesehen hat.

INGE Ich hab es eh zum Papa gsagt, das is einer, der is abgetaucht, der is kein Nazi.

TORSTEN Ich weiß schon, daß ihr mir alles nehmen wollts.

Grabesstille

Auf einem Friedhof an einem Grab: Eine ältere Frau ist damit be-
schäftigt, neue Pflänzchen einzusetzen. Dabei redet sie auf den
ersten Blick mit sich, auf den zweiten mit ihrem verstorbenen
Mann.

FRAU *(genußvoll)* Du weißt ja gar nicht was los is wennst mich
ned hättst tätst du gar nix wissn gell also daß die jetzt noch auf
einem katholischn auf unserm schönen katholischn Friedhof
beigesetzt werden sollen das finde ich pietätlos weil wir als
Katholiken können sicher nichts dafür und wie man weiß waren wir auch bis vor kurzer Zeit gegen Feuerbestattung an sich
das heißt also daß sogar von dieser Sicht aus daß es sich um
Muselmanen handelt davon will ich gar nicht reden wir sind
nicht sehr glücklich darüber gell daß wir vielleicht so eine
Nachbarschaft bekommen vielleicht bauen sie dann auf diesem Grab eine kleine Moschee mit so einem Minarett und einem Cassettenrecorder und da kräht dann dauernd so ein Mu-
zidin heraus also ich wär dafür daß die Toten in ihre Heimat
zurücktransportiert werden und dort im Kreise ihrer Lieben
beerdigt werden aber die Familie will heißt es in Deutschland
bleiben und hat deshalb den Wunsch geäußert daß ihre Lieben im nächstgelegenen Friedhof beigesetzt werden na ja es
wundert mich sowieso daß die Familie in Deutschland bleiben
will nachdem was passiert ist aber bitte manche Menschen
sind unbelehrbar wir hätten trotzdem gerne unsern Friedhof
saubergehalten weil ich meine die Welt ist nicht so groß für
den Christen für den Katholiken ist der Friedhof die geweihte
Erde Gottes und zwischen Mohammed und Jesus Christus
steht doch einiges das soll man nicht runterspielen ich mein
man muß ja auch damit rechnen daß die dann wenn wir jetzt
daß die Toten wenn die jetzt wenn da die beerdigt werden muß
man ja auch damit rechnen daß die dann des öftern kommen
und das Grab dekorieren und schmücken und dann wie
schmücken denn die Gräber also ich glaub in der Türkei da
schaun die Friedhöfe fei ganz anders aus wie bei uns der türkische Friedhof will mit der Erde nichts zu tun haben des sind so
des alles so Stein und Beton und da sind dann so eingelassene
Löcher oder so Fenster drin und da während wir wir wollen
doch Erde sehen der Tote kehrt zurück in die Erde Gottes also

ich weiß nicht wenn sie sich hier beerdigen dürfen ob sie
dann das zubetonieren das Grab oder vielleicht darauf eine
ich weiß es nicht man weiß ja nichts und deshalb muß man
mit dem Schlimmsten rechnen denn natürlich muß man davon ausgehen daß die Familie die Toten die ja nun auf so tragische Umstände entwichen sind also gestorben ein überir-
disches Denkmal schaffen wollen na ich glaub man kann es
kurz fassen was meinst du so wie auf einem deutschen
Schlachthof nicht geschächtet werden soll weil wir tierlieb
sind so wird auf einem katholischen Friedhof nicht gemusel-
mant weil Gott ist nur einer wenn Gott der andere ist da kann
sich trotzdem nicht irgendeiner dazulegen der gar nicht da-
zugehört sich hineinschummeln außerdem sind das alles Fa-
miliengräber die die brauchen wer garantiert daß nicht später dann andere dazukommen die wo hier leben die sterben
dann also auch hier das ist ja auch die sind ja auch Gottes Gesetz unterworfen ich meine die türkische Familie sprengt
doch jedes deutsche Familiengrab da brauchen wir doch gar
nicht reden da genügt es doch zu schauen und zählen die türkische Familie hat im Schnitt sieben Kinder oder mehr sagt
man stell dir das einmal vor vielleicht stirbt wieder eines oder
eine unbekannte Anzahl von Ältern die dazu gehören das is
uns ja gar nicht bekannt aus wie vielen Köpfen diese Familie
wirklich besteht und dann is die Frage kann man denen klar-
machen daß ein Familiengrab in Deutschland nicht heißt daß
sie da alle drin Platz haben sondern daß es da Normen gibt
auf zwei Meter 20 auf einen Meter 80 und dann links und
rechts noch mal und dann ist Schluß daß also auch unter der
Erde sofern es eine deutsche ist eine gewisse Ordnung
herrscht egal ob es sich beim Beizusetzenden um eine Ein-
äscherung oder um eine Vollkörperbeisetzung handelt und
die muselmanische Großfamilie auf einem katholischen
Friedhof unter der Erde nicht so sein kann wie über der Erde
ich denke beim Tod hört die Gastfreundschaft auf da soll jeder dorthin zurück wo er herkommt das doch der Sinn der
Sache *(grinst das Grab an)* jetzt hab ich dir aber zehn Minuten
Angst gemacht gell ich hab es gehört wie du mir zuhörst und
den Atem anhältst es stimmt nicht alle toten Türken wollen in
die Türkei die wollen im Jenseits genauso unter sich bleiben
wie wir zwei eigentlich ein sehr sympathischer Zug an ihnen
gell *(schaut die eingesetzten Pflänzchen an)* schön sehr schön

so jetzt werds noch eingegossen und dann heißt die Parole Kopf hoch!

Hot Dog

Ein Stadtplatz mit Bänken; Menschen, Sonne und Vergnügen. Einer verkauft heiße Würstchen und einer redet. Man hört ihm zu oder nicht, man nickt oder schaut weg, ist bemüht oder peinlich getroffen. Aber niemand reagiert direkt.

MANN Es tut mir weh wenn ich es hör der Hitler hat ja was hat er denn man spricht überall vom Verständnis für die Täter und der Hitler nur weil er ein Gspür ghabt hat für das deutsche Volk der hat doch gewittert wo die Mehrheiten sind wo man sie holen kann wie der Schwamm das Wasser merkt wie das Medium den Geist der Hitler hat doch nicht Deutschland sondern Deutschland hat den Hitler ins Verderben gestürzt der wäre doch ein guter Maler ein Spitzweg des 20. Jahrhunderts geworden wenn bei uns nicht alles was in der Kunst was getaugt hat von den Juden als Kitsch bezeichnet worden wär Makart Kaulbach Keller Pitoly Slevogt gerade noch kein Defregger und Leibl wie stehts mit dem Leibl Achenbach die Sauköpfe haben doch alles was Malerei in Wirklichkeit war bloß heruntergemacht und vielen Kunstmalern die Zukunft gestohlen Adolf Hitler war ein national gesinnter Maler und Mensch das deutsche Volk hat ihn ins Verderben gestürzt das muß auch einmal gesagt werden in dieser deutschen Neuwelt in dieser Welt von KohlundGenschergesindel und er hat sich mannhaft in einen Teppich gewickelt und sich anzünden gelassen wie alles vorbei war der Traum vom Maler und der Traum von Deutschland welcher deutsche Politiker zündet sich denn heute an wenn ihm was nicht hinausgeht wie er es sich vorstellt wenn sich seine Visionen in Rauch und Asche verwandeln und wenn ich heute einen solchen Dreckhaufen von Politiker einen solchen nenne krieg ich so viele Strafverfahren an den Hals daß ich so viel Strafe zahlen muß daß ich meine Familie nicht mehr ernähren kann und wenn ich sage Mordbube Hitler ehrloses Hitlerschwein Sauhitler Dreckhaufen Hitler dann nickt man mir zu von der deutschen Justiz und schweigt ja war er denn kein Mensch hat ihn denn keine Mutter geboren und kein Vater

oder Opa geliebt hat er denn nicht gebetet und gehofft hat er
denn keinen Kinderwagen benutzt und kein Flaschi getrunken
ist er denn nicht zur Beichte gegangen war er denn gar niemand überhaupts nix daß man jede lebendige Drecksau weniger beschimpfen darf als ihn jeder deutsche Politiker der lebt
ist mehr ein Verräter am Volk als der Hitler
*(Schaut, schnauft, nickt; kleine Pause, und er nützt den Augen-
blick, um ein Würstl zu klauen.)*
HOT DOG VERKÄUFER *(sieht es aber, empört)* Was machtn der da ha
ha ha *(schreit)* der hat mir ein paar Würstl geklaut der Vabrecha
halt *(wild)* halt stehenbleibn sag ich bleibst du stehen
*(Er rennt dem Mann nach; durch die andern dabeistehenden
Leute geht ebenfalls ein Ruck und ein Schrei: Man verfolgt
gemeinsam den Dieb, dem das Würstl noch aus dem Mund
hängt, bis man ihn im Polizeigriff anschleppen kann.)*
HOT DOG VERKÄUFER *(fassungslos zum Dieb)* Schämen Sie sich
(empört, wild) schämen schämen Sie sich

Deutschstunde

*Die Bühne ist in der Mitte durch eine Wand geteilt, so daß links
und rechts davon zwei gleiche Vernehmungszimmer entstehen
können; im linken der Ermittlungsrichter, die Protokollführerin
Frau Rieplhuber, der erste Beschuldigte und sein Rechtsanwalt.
Der zweite Beschuldigte sitzt im rechten Zimmer, von zwei Polizisten bewacht, sein Rechtsanwalt liest Akten. An einer Schautafel
hängt ein großes Foto mit einem auf eine Brücke gemalten drei-
farbigen RAF-Emblem.
Ruhige sachliche Szene; der erste Beschuldigte grinst dauernd
verbindlich, der zweite Beschuldigte kämpft immer wieder mit
den Tränen.*

ERMITTLUNGSRICHTER Also es is hier ein Ermittlungsverfahren gegen Sie anhängig wegen des Verdachts der Volksverhetzung
und Beleidigung
RECHTSANWALT Namens meines Mandanten darf ich die Vorwürfe
zurückweisen
ERMITTLUNGSRICHTER Dazu komma noch etz lesens amal des Be-
weismittel vor Frau Rieplhuber des is ein Gedächtnisprotokoll
eines grünen Stadtverordneten der am Nebentisch saß als Ihr

Mandant anscheinend lautstark seine umstrittenen Äußerungen getan hat

RECHTSANWALT Kann ich davon eine Abschrift haben

ERMITTLUNGSRICHTER Bringens mich ned in Verlegenheit hörens zerscht amal zu dann sehn mir weiter Sie sollen also am ersten Weihnachtsfeiertag letzten Jahres im Gasthof Deutsche Eiche Gansbraten mit Kartoffelknödel und Blaukraut gegessen und folgendes von sich gegeben haben bitte Frau Rieplhuber jetzt sind Sie dran

PROTOKOLLFÜHRERIN *(liest aus der Akte vor)* Die wollen doch alles kaputtmachen und es hat bis heute niemand gestört die Generaloberst-Eduard-Dietl-Kaserne heißt im Volksmund einfach die Dietlkaserne und da denkt niemand weiter nach und wenn er nachdenkt ja sind wir denn von allen guten Geistern verlassen die gesamte Menschheit sofern sie denken kann erinnert sich gerne an ihre Vergangenheit ohne Vergangenheit ist ein Volk kein solches sogar ein Ameisenhaufen hat eine Geschichte und mir Deutschen nicht wer war er denn frage ich was hat er sich denn zuschulden kommen lassen er landete mit der 3. Gebirgsjägerdivision im Verlauf der Operation gegen Norwegen im Raum Narvik und verteidigte es lange gegen überlegene britische Verbände war das ein Verbrechen und sein Versuch nach Beginn des Krieges gegen Rußland den Nordmeerhafen Murmansk zu erobern und damit die Russen vom alliierten Nachschub abzuschneiden wäre das nicht ein genialer strategischer Schachzug gewesen hätte der wenn er geglückt wäre nicht Hunderttausenden Soldaten das Leben gerettet ist das vielleicht ein Verbrechen nicht einmal das Kriegsende hat er erlebt weil er 1944 mit dem Flugzeug abgestürzt ist mehrfach war der deutsche General im Führerhauptquartier so zum Beispiel im November 41 wo Adolf Hitler zu ihm sagte Sie sind eigentlich ein Geburtshelfer des Dritten Reichs und der Adolf muß doch gewußt haben wen er zum Geburtshelfer macht und das hat er sagen können der Hitler weil der Dietl war ein frühes Mitglied der NSDAP sein Name findet sich auf der ersten Mitgliederliste vom Januar 1920 mit der Mitgliedsnummer 524 General Dietl hat dem Hitler auch geholfen zum Beispiel hat er aus den SA-Horden kampfstarke Einheiten zu bilden gewußt die diszipliniert kämpfen konnten und nicht mehr kopflos herumhauten der Herr Generaloberst hat sich gar nichts zuschulden kommen lassen ja aber wirklich

nicht wenn er den Zweiten Weltkrieg gewonnen hätt soweit
sind wir idiotischen Deutschen ja schon wieder dann könnt
man ihn ja schimpfen und sich ja schämen gell aber nein er
war ein guter deutscher Soldat und hat den Krieg verloren
wies das Weltjudentum gewollt hat und etz darf er nicht einmal mehr als Namenspatron für eine deutsche Kaserne in
Füssen herhalten ja Kruzifix wieweit lassen wir uns denn
noch anspeiben von der Welt soll die Kaserne denn nach dem
Häuferl Judendreck Ossietzky heißen oder wie ich sag es Ihnen es ist ein Sieg für Deutschland daß die Dietlkaserne in
Füssen weiterhin Dietlkaserne heißen darf Füssen grüßt die
Welt Heil Dietl und jeder Deutsche der das Herz am rechten
Fleck hat und im Hirn keinen Davidstern und keinen türkischen Halbmond der dankt dem Bundesverteidigungsmini-
ster Volker Rühe und den Soldaten am Standort Füssen und
auch dem Stadtrat der gegen den Scheißoberbürgermeister
dafür gesorgt hat daß Deutschland sich an Deutschland erinnert ohne daß wir Angst haben vor der Vergangenheit
zum Schluß sage ich noch daß die Gebirgsjäger nie was anders im Kopf hatten als Deutschland und das haben sie auch
heute noch was können denn die armen Soldaten dafür
wenn Deutschland zu feig ist für seine ruhmreiche Vergangenheit

ERMITTLUNGSRICHTER Na ja da hams erna ja ganz schön veraus-
gabt hams des alles so gsagt wie es vorgelesen wurde

ERSTER BESCHULDIGTER *(nickt freundlich)*

ERMITTLUNGSRICHTER Hm

RECHTSANWALT Also den Judenhaufen nimmt mein Mandant mit
Bedauern zurück

ERSTER BESCHULDIGTER *(nickt freundlich)*

RECHTSANWALT Und hat auf mein Anraten hin noch heute früh an
die Kriegsgräberfürsorge eine Spende von 100 Mark überwie-
sen da is der Spendenbeleg *(gibt ihn dem Richter)* den Scheißoberbürgermeister nimmt er ebenfalls zurück

ERMITTLUNGSRICHTER Wenn der ned von sich aus einen Strafan-
trag stellt

RECHTSANWALT Ich glaub nicht der will nicht daß die Sache auf
dem Weg noch mal aufgekocht wird dem is der Vorgang für
die Stadt schon peinlich genug

ERSTER BESCHULDIGTER *(sanft)* Dem ist doch die gesamte deutsche
Geschichte peinlich und so was ist Oberbürgermeister

ERMITTLUNGSRICHTER Soso hm *(Gibt die Spendenquittung zur Akte)* Und der ganze Rest

RECHTSANWALT Besteht nach meinem Erachten hauptsächlich aus geschichtlichen Tatsachen die mein Mandant eben anders wertet als vielleicht ein gewisser Teil der Bevölkerung

ERMITTLUNGSRICHTER Er war sicher ein schneidiger Soldat der Generaloberst aber halt auch ein ausnehmend überzeugter Nazi

RECHTSANWALT Ich bin auch nicht ganz mit der einseitigen Würdigung meines Mandanten die Person Dietl betreffend einverstanden aber nur weil mein Mandant nun mal ein sehr gutes Geschichtsgedächtnis hat kann man ihm ja wohl schwerlich Volksverhetzung vorwerfen Volksaufklärung vielleicht *(ehrlich)* also ich seh da keine Volksverhetzung drin Beleidigung vielleicht aber sonst nix mein Mandant glaubt zum Beispiel sehr wohl an die Ermordung von Juden des mit dem Ossietzky ist erm nur so rausgerutscht aber er glaubt eben daß das nicht alles war im Dritten Reich

ERMITTLUNGSRICHTER *(nickt)* Jaja das glaube ich auch *(ehrlich)* ich bin übrigens auch heilfroh daß die Kaserne nicht umbenannt wird ich kann mir neue Namen immer so schwer merken man hängt an dem was man kennt also machmas kurz aber gell das eine sag ich schon von Judenhaufen und solche Unappetitlichkeiten will ich so schnell nichts mehr hören sonst kann mich ihr Mandant kennenlernen

RECHTSANWALT Aber es war die erste Entgleisung meines Mandanten in diese Richtung

ERMITTLUNGSRICHTER *(nickt, schnauft, hustet, zu Frau Rieplhuber, die mitschreibt)* Beschluß: Das Ermittlungsverfahren wird eingestellt Kosten übernimmt die Staatskasse Datum Unterschrift und so weiter Wiedersehn meine Herrn ich hab noch einen Termin für einen Kollegen den wir an die neuen Bundesländer ausgeliehen haben die müssen da drüben ja von Grund auf lernen was eine unabhängige Justiz im Rechtsstaat überhaupt bedeutet

(Der erste Beschuldigte und sein Anwalt bedanken sich mit Handschlag und gehen links ab)

ERMITTLUNGSRICHTER Machma weiter

(Geht mit Frau Rieplhuber durch die Tür in den andern Raum zum wartenden zweiten Beschuldigten und seinem Anwalt)

ERMITTLUNGSRICHTER Grüß Gott die Herrn *(Er setzt sich an den Schreibtisch, nimmt den dort liegenden Akt)* Also Haftsache

Schneeberger Antrag auf Haftprüfung genau *(Sieht das Foto der Brücke mit dem RAF-Zeichen)* Aha so schaut des also aus mehrfarbig sozusagen schönschön gegen Sie läuft also ein Ermittlungsverfahren wegen Unterstützung einer terroristischen Vereinigung eventuell kommt noch Aufruf zum bewaffneten Kampf gegen die Bundesrepublik Deutschland dazu Sachbeschädigung weil die Brücke ist ja Eigentum des Freistaates Bayern und mußte aufwendig gereinigt werden und Verkehrsgefährdung weil es ist ja eine Brücke über eine vielbefahrene Autobahn was ham Sie sich bei Ihrem Kunstwerk gedacht ha aha da hammas ja das Vernehmungsprotokoll lesens amal vor Frau Rieplhuber

PROTOKOLLFÜHRERIN *(liest aus dem Akt vor)* Eigentlich wollte ich einen schreienden Jesus am Kreuz malen aber das war mir zu schwer

RECHTSANWALT Womit wir die Vorsätzlichkeit der Tat bestreiten

ERMITTLUNGSRICHTER Hm

PROTOKOLLFÜHRERIN *(liest)* Ich wollte spontan dagegen protestieren daß wir alle auf Kosten der Dritten Welt leben daß dort pro Minute drei Kinder verhungern daß man allein mit dem was wir in Europa für Hundefutter ausgeben viele Millionen Kinder in Afrika vor dem Hungertod bewahren könnte ich habe es nicht mehr ausgehalten ich dachte ich ersticke als ich letztes Jahr in der Weihnachtswoche durch die Fußgängerzone ging ich hätte alle Schaufenster einschlagen können so ist mich die Ungerechtigkeit angesprungen daß wir hier in Füssen so prassen und daß es eine totale Verlogenheit ist unser Weihnachten weil Jesus kotzen würde wenn er uns Katholiken sehen würde wie wir seinen Namen mißbrauchen

RECHTSANWALT Das mit den Schaufenstern bestreiten wir mein Mandant wollte keine Schaufenster einschlagen

ZWEITER BESCHULDIGTER Ich wollte schon aber ich habs nicht getan

RECHTSANWALT *(zu ihm)* Psst

ERMITTLUNGSRICHTER Machen Sie es nicht schlimmer genau Sie haben keine Schaufenster eingeschmissen sondern sich drei Spraydosen gekauft und damit sinds also heimgegangen *(zum Rechtsanwalt)* womit wir doch wieder bei der Vorsätzlichkeit wären

RECHTSANWALT Mein Mandant hat die Spraydosen zwar gekauft aber er hat sie ohne Tatvorsatz gekauft er hat noch gar nicht gewußt was er damit machen wird

PROTOKOLLFÜHRERIN *(liest weiter)* Als der Weihnachtsabend her-
anrückte war ich von den Vorbereitungen meiner Eltern und
ihrer Gefühlsduselei derart angefressen daß ich mich in mein
Zimmer einsperrte und dort glaubte es zerreißt mich so unglücklich habe ich mich gefühlt dann hat mein Vater Weihnachtslieder aufgelegt und dann haben wir Weihnachten ge-
feiert und da wurde es mir immer übler und ich habe die ganze
falsche Welt verflucht und dann bin ich ins Bett gegangen und
wollte schlafen und dann habe ich nicht schlafen können und
bin aufgestanden und habe mich angezogen und habe die
Spraydosen eingepackt und bin mit dem Moped so lange rum-
gefahren bis ich mich wie ein Eiszapfen fühlte und dann habe
ich heimfahren wollen und mich vor mir selber geniert und
dann wollte ich den schreienden Jesus irgendwo hinmalen
und dann bin ich plötzlich auf der neuen Autobahnbrücke gewesen und habe gesehen daß ich wenn ich überhaupt was
draufsprayen will es spiegelverkehrt malen muß damit man es
unten erkennen kann und dann ist mir plötzlich das RAF-Zeichen eingefallen weil es leicht zu malen ist und ich habe mir
gedacht das malst du jetzt hin und schreist damit deinen Protest heraus und dann habe ich es getan und bin heimgefahren
und habe mich leichter gefühlt

RECHTSANWALT Es war ein spontaner Akt eine Art Verzweiflungs-
tat meines Mandanten die Steuerungsfähigkeit war beein-
trächtigt ein pubertärer Schub Selbstzweifel Angst vor Versa-
gen

ERMITTLUNGSRICHTER Also ganz so einfach is ned Herr Rechtsanwalt wir haben an Sachverständigen befragt der sagt daß es
unwahrscheinlich ist daß jemand den RAF-Stern mit da MP so
schön und akkurat hinkriegt wenn er es nicht geübt hat

RECHTSANWALT Ich hab da eine Stellungnahme des Zeichenleh-
rers meines Mandanten der diesem eine überdurchschnittlich
hohe zeichnerische Begabung bescheinigt *(Reicht die Bestäti-
gung dem Ermittlungsrichter)*

ERMITTLUNGSRICHTER *(müde)* Is des der einzige Grund für die Haft-
beschwerde

RECHTSANWALT Ich stütze mich auch auf das neue Gutachten des
Anstaltsarztes das meinem Mandanten eine ernsthafte Suizid-
gefahr bescheinigt *(Reicht dem Ermittlungsrichter das ärztliche Gutachten)*

ERMITTLUNGSRICHTER Hm

RECHTSANWALT Ich bitte Sie auch noch mal die persönlichen Verhältnisse meines Mandanten zu würdigen er befindet sich übermorgen ein halbes Jahr in einer Einzelzelle er muß in jedem Fall das Schuljahr wiederholen wenn er nicht überhaupt von der Schule relegiert wird essen tut er fast nichts mehr

ERMITTLUNGSRICHTER Soll ich das als Hungerstreik auffassen

RECHTSANWALT Neinnein er bringt nur nichts mehr nunter

ERMITTLUNGSRICHTER Ach so

RECHTSANWALT Die Freundin hat einen andern die Eltern sind total verzweifelt volljährig isa auch erst vor einem Monat in der Haft geworden

ERMITTLUNGSRICHTER Jaja die Zeit vergeht da bin ich mit Ihnen einig Herr Rechtsanwalt aber einig müßten wir uns auch darüber sein daß grade bei dem labilen Zustand Ihres Mandanten eine nicht unerhebliche Fluchtgefahr besteht ich mein die einschlägige Rechtsprechung geht prinzipiell davon aus daß bei Straftätern aus dem terroristischen Umfeld erhöhte Fluchtgefahr besteht

RECHTSANWALT Mein Mandant würde zu seinen Eltern heimgehen dort hat er doch seinen festen Wohnsitz in einem gesicherten sozialen Umfeld

ERMITTLUNGSRICHTER Er kann aber auch in der Sympathisantenszene untertauchen vielleicht gefallts erm da besser als wie bei seine anständigen Eltern *(kollegial)* ich mein drin steckn wir beide nicht in Ihrem Mandanten

ZWEITER BESCHULDIGTER *(springt verzweifelt auf, tritt vor, wankt, wird von den Polizisten festgehalten, muß kotzen)*

ERMITTLUNGSRICHTER Hoppala was war etz des

RECHTSANWALT Des ist die seelische Indisponiertheit meines Mandanten

ERMITTLUNGSRICHTER Als Bedrohung hätt man des aber auch auffassn könne

RECHTSANWALT Neinnein

ERMITTLUNGSRICHTER *(die Kotze meinend)* A bissl was scheint er jedenfalls doch gegessen zu haben

RECHTSANWALT *(schluckt)* Ich glaub das ist hauptsächlich Magensaft

ERMITTLUNGSRICHTER Naja mir schmeckts auch nicht jeden Tag also *(zu Frau Rieplhuber gewandt)* Haftsache Schneeberger Beschluß der Haftbefehl bleibt bis auf weiteres bestehen Wiederschaun

(Zweiter Beschuldigter wird von den Polizisten abgeführt, Rechtsanwalt geht ab; Frau Rieplhuber steht auf, atmet tief durch und macht Anstalten, die Kotze notdürftig wegzuwischen, und graust sich; der Ermittlungsrichter schaut ihr kopfschüttelnd zu)

ERMITTLUNGSRICHTER Hoffentlich ißt er bald wieder tut eim ja direkt leid *(Kleine Pause)* nur über eines müssen wir uns schon im klaren sein wer Reklame für Mörder macht muß mit der ganzen entschlossenen Gegenwehr des Rechtsstaates rechnen *(Schaut auf die Uhr)* Mahlzeit.

Challenger

Auf dem Rummelplatz vor einem Fernsehteam; einige Kids und Skins drängen sich vor einer Kamera.

REPORTER Was is denn Deutschland für euch?

ERSTER Ein geiler Ichmacher.

ZWEITER Deutschland ist Religion, Rasse und Krieg.

REPORTER Für was bist du?

DRITTER Für Religion und Rasse.

ERSTER Für Rasse und Krieg.

ZWEITER Für Krieg und Religion.

ERSTER Heil Hitler.

ZWEITER Sieg Heil.

VIERTER *(etwas größer)* Bevor wa weita Sprüche klopfen wollnwa Kohle sehn.

REPORTER *(gibt eilig einige Geldscheine.)*

ERSTER Etz fahrn wa mitm Challenger bis wa kotzn!

(Alle rennen weg.)

REPORTER Scheiße.

Ritter der Ausgewogenheit

Im Konferenzraum einer Rundfunkanstalt; einer, der was zu sagen hat, sagt es, und die andern müssen zuhören:

Wir müssen uns auch dagegen schützen daß wir jede Feuerentwicklung als ein rechtsradikales Treiben identifizieren ah man muß schon auch die sag ma sagma amal so man muß schon die Kirche im Dorf lassen und sagen es zündet schon einmal der eine oder andere etwas an ohne daß er damit eine politische Äußerung machen will es kann sich ja auch um normalen Haß handeln um Neid um um andere Konflikte um Banden um Kurden um inner inner inner türkische Probleme wir neigen heute dazu jede feuerliche Entwicklung sofort in eine gewisse Ecke zu tun damit ist der Wahrheitsfindung nicht gedient die Vielschichtigkeit ist damit noch lange nicht gewürdigt wir haben es im Laufe eines Jahres mit einem vielschichtigen Brandgeschehen zu tun also oana is bsuffa und schlaft mit der brennenden Zigarette ein des is der normale Vorgang bis zum Brennen chemischer Fabriken des is dann eine ganz andere Dimension oder der Blitz schlagt in den Stadel ein den Stall und es verbrennen Kühe und Pferde Schweine auch also selber selber zündet auch der eine oder andere was an wegen Versicherungsbetrug oder wir hatten mehrere Verpuffungen man wascht sich also mit Benzin die Hände weil sie mit Öl verschmiert sind sagen wir mal und zündet sich dann eine Zigarette an und dann macht es Puff und dann brennt man wir hatten Gasexplosionen wir hatten Schwelbrände wir hatten implodierende Fernsehgeräte wir haben Menschen die in Autos verbrannt sind noch an der Unfallstelle wir hatten das sollte man nicht vergessen im letzten Jahr eine hohe Anzahl von Menschen die einen Sonnenbrand erlitten und deshalb medizinisch behandelt werden mußten also der Jahrhundertsommer ich meine das is sicher etz weiter weg vom derzeitigen Geschehen aber trotzdem ah man muß die Brandanschläge auf diese Türken im Gesamtspektrum sehen und nicht vereinzelt herauspicken wenn auf der Autobahn eine Familie im Auto verbrennt macht man ja auch ned so ein Aufhebens davon des kommt im Endergebnis doch auf das gleiche hinaus der Tod ist tödlich so oder so damit will ich nichts vereinfachen ich will nur daß die Dimensionen gewahrt bleiben in Deutschland brennt viel und da wir einen hohen Anteil an Ausländern haben ist klar daß es hin und wieder auch einen solchen erwischt da können sie sich nicht ausschließen sie wollen ja sonst auch überall dabei sein wo es Segnungen des Sozialstaates zu ernten gibt es gibt auch Sonnwendfeuer die Menschen rösten Kartoffeln im Herbst am Feldrand die Menschen verbrennen Laub obwohl das ja inzwischen verboten ist Gartenabfälle Äste es wird Müll verbrannt es gibt die Brandrodung es gibt den brennenden Autoreifen es gibt es wird viel verbrannt in einer modernen Gesellschaft da bildet der Türke keine Ausnahme ich meine jeder Tote ist ein Toter zuviel aber man sollte die Kirche im Dorf lassen und einsehen daß das Verbrennen eine alte Tradition in Deutschland ist und wer hierher kommt muß sich damit auseinandersetzen ob er mag oder nicht im Sommer ist des Deutschen liebstes Spielzeug der Grill wo er seine Würstl röstet und manchmal wenn was explodiert auch sich selber und seine Kinder wissen Sie es geht nicht um Verharmlosung auch wenn es sich so anhört heute hört sich ja fast alles was gut gemeint ist so an als würde es zu Mißverständnissen Anlaß geben aber wenn wir von der Ausgewogenheit im Funk und Fernsehen an fast allen Fronten sprechen und das mit Recht dann müssen wir im Nachrichtenbereich eben auch dafür sorgen ich meine damit nicht daß wir ab morgen Nachrichten haben sollen wo es heißt gestern brannten in Deutschland drei Türken und drei Fernseher nein-nein ich meine bloß daß man die Kirche im Dorf läßt kann man denn nicht auch mal die positiven Aspekte also das Positive das gibt es ja auch meine Damen und Herren zum Beispiel die Brand-Bandbreite ist ja groß vom von den Kindern geliebten Feuersalamander bis zum Feuerauge für die reiferen Jahrgänge ein rotblühendes Röslein is des es gibt die Brandmalerei eine Art Holzbrandtechnik in der Kunst es gibt das Brandopfer nicht nur bei den Israeliten das war was Heiliges wohlgemerkt es gibt kurz gesagt nicht nur die Brandstiftung vielleicht sollte man auch wenn schon so viel brennt einmal über das Feuer selber nachdenken im Alten Testament ist das heilige Feuer des Tempels göttlichen Ursprungs Jahwe spricht aus einem feurigen Busch heraus zu Moses im Neuen Testament kommt der Heilige Geist zu Pfingsten in Gestalt feuriger Zungen herab das Feuer ist wohl die erste Kulturerrungenschaft des Menschen und über die ganze Erde verbreitet wie ist zu fragen ist das Feuer entstanden ist es geraubt worden ich sage nur Prometheus oder handwerklich erzeugt worden wissen Sie wie der Feuerquirl der Feuerpflug ja die Feuersäge oder der Feuerbohrer funktioniert haben bei den Germanen durfte das Feuer nie ausgehen Kranke wurden zur Heilung an das Feuer gelegt bei vielen Völkern gab es eine eigene Feuergottheit und so weiter und so fort das Feuer möchte ich mal in den Raum stellen ist nicht nur zum Brennen da es ist mehr da ist vielleicht auch mal die Abteilung Schulfunk aufgerufen die neuen Themen die auf der Straße brennen liegen aufzugreifen meine Damen und Herrn ausgewogen aber informativ empirisch und ohne Scheuklappen jedem ich wett jedem von Ihnen fällt was Positives ein wenn er nachdenkt wir machen uns ja auch wenn wir nur Unschönes melden sozusagen der Mitschuld am Unschönen schuldig Sie wissen ich darf da vielleicht mal ausnahmsweise keinen Pfarrer und niemand von der Landesregierung zitieren die sind hier im Rundfunkrat ja eh schon nicht mehr so gern gesehen sondern man neigt mehr dazu andere Stimmen heranzuholen also bitte schön da sagt doch der bekannte Dichter Martin Walser wörtlich im STERN wenn Rostock durch die Medien anders behandelt worden wäre wäre Mölln vielleicht gar nicht dazugekommen dieses Anzünden von Leuten das liegt nicht in der Natur sondern das ist vorgemacht sagt der große Dichter und ich bitte Sie auch darauf zu achten er spricht nur von Mölln er spricht nicht von Solingen obwohl das Zitat aus einem STERN vom Juli ist und Solingen knapp zwei Monate vorher war nein er bescheidet sich auf Mölln weil er sich denkt das genügt bei Mölln wissen die Leute was ich meine und ich muß nicht auch noch Solingen erwähnen also meine Herrn dieses Zitat ist zum Beispiel das was ich mir vorstelle wie wir in Zukunft mit Bränden umzugehen haben ich erwarte daß bevor man von Brandstiftung redet davon ausgegangen wird daß es der Kühlschrank der Fernseher ein Penner im Keller oder sonst was war und wenn wir davon zuerst mal ausgehen dann haben wir ja gar keine Verpflichtung mehr das Geschehen sofort zu melden ich sage Ihnen der Täter will seine Tat in Funk und Fernsehen gebührend erwähnt wissen und Deutschland schadet das und wenn wir es weglassen nützen wir Deutschland und schützen auch die potentiellen Opfer vor Nachmachern die sagen ja das machen wir auch wenn das alle machen also meine Herrn nicht mehr kopfscheu sein in Zukunft grad die Herrn von der Nachrichtenredaktion sondern Ruhe Rückgrat Umsicht Einsicht und Ausgewogenheit wie der Dichter im STERN also dann guten Morgen meine Damen und Herrn

Versöhnen durch erinnern

Vor der Tür zur Schulaula; drin Vorbereitungen und Hin- und Hergehen.
Der Studiendirektor leise fassungslos mit dem Programm in der Hand, die Studienrätin versucht ihr Bestes.

STUDIENDIREKTOR Das wird ein Skandal das wird uns beide den Posten und die Pension kosten ich war ich denn nicht immer loyal zu Ihnen hab ich Ihnen denn nicht immer die Stange gehalten Sie haben doch sogar können Sie sich denn erinnern wie Sie sogar einmal den Gebrauch von Kondomen im Unterricht in Sexualkunde und was hab ich getan gegen das Schulreferat gegen alle ich habe schützend die Hand über Sie gehalten ich habe mich vor Sie gestellt

STUDIENRÄTIN *(will sich dagegen wehren.)*

STUDIENDIREKTOR Doch doch widersprechens mir nicht ich hab das alles durchgehen lassen ich habe die Augen zugedrückt wie Sie Unterschriftenlisten gegen den Robbenmord im Unterricht und Spendenaufruf für ah alles verboten alles nach Schulordnung verboten vom Kondom bis zu den Robben aber bitte ich habe das alles gedeckt ich habe Sie gedeckt

STUDIENRÄTIN Weil Sie viel fortschrittlicher sind als Sie selbst denken

STUDIENDIREKTOR Hören Sie mir mit dem auf hören Sie mir mit dem kollegialen Ton auf Schluß und ich Arschloch laß mir das nicht vorher zeigen genehmige es unbesehen *(starrt sie an)* was hab ich Ihnen getan daß Sie unsere Schulabschlußfeier zu einem Tribunal gegen mich machen und wenn man uns nur versetzt wohin denn Sie sind jung und haben keine Wurzeln aber ich geh in sechs Jahren in Pension ich geh nicht nach Niederbayern oder in die neuen Bundesländer ich laß mich nicht mehr versetzen ich bring mich um der Schulrat und zwei Herrn vom Kultusministerium sitzen drin und schauen schon schauen auf die Bühne

STUDIENRÄTIN Versöhnen durch erinnern bringt uns näher ist doch ein wunderbares Motto damit liegen wir doch auf der Linie

STUDIENDIREKTOR Jajaja das wär auch was geworden damit wären wir sogar in den Lokalteil der SZ gekommen aber etz kommen wir wahrscheinlich in den politischen Teil und nach Niederbayern oder nach Thüringen

STUDIENRÄTIN Die 13 B singt jiddische Lieder

STUDIENDIREKTOR Sehr schön machen die das

STUDIENRÄTIN Die 11 A singt Zigeunerweisen

STUDIENDIREKTOR Jajaja

STUDIENRÄTIN Eine gemischte Gruppe singt türkische Lieder und nach den Reden singt der Schulchor das Freude schöner Götterfunken und dazwischen als gemeinsames Erinnern

STUDIENDIREKTOR *(verzweifelt)* Glauben Sie daß das momentan irgend jemand hören will Deutschland hat doch jetzt ganz andere Sorgen wir haben deutsche Soldaten in Afrika und das soll erst der Anfang sein wir wollen in den Sicherheitsrat wir wollen mitreden wir haben genug gebüßt ja man will höheren Ortes daß damit Schluß ist und der Blick nach vorn gerichtet ist und da schmeißen Sie mit dem Dreck kommen Sie mit dem Eichmann in Jerusalem das paßt wie die Faust aufs Auge na der Minister wird schauen

STUDIENRÄTIN Dann streichen wir es doch

STUDIENDIREKTOR Dann geben wir zu daß wir gewußt haben was wir anstellen dann machen wir uns in deren Augen erst recht schuldig dann ist es aus dann schicken die uns auch noch den Verfassungsschutz neinnein durch diese unappetitliche Sache müssen wir schon durch nur dann wenn wir so tun als wüßten wir nicht was das bedeutet haben wir eine Chance daß wir mit einem blauen Auge davonkommen

(Während dieser Worte des Studiendirektors verwandelt sich die Szene, und wir sehen nun eine kleine schwarz ausgeschlagene Bühne – auf der Bühne –, die als Gerichtssaal hergerichtet ist. Schüler sind in Roben etc. eingekleidet und spielen nun – mit verteilten Rollen – folgende Szene, die ich als Ganzes hier zitiere.

Bei einer Aufführung sollte man sie einstreichen und von möglichst jungen Schauspielern, am besten wären Kinder, sehr ernst und genau darstellen lassen.)

Bezirksgericht Jerusalem   Strafakt 40/61
Der Generalstaatsanwalt des Staates Israel
gegen
Adolf, Sohn des Adolf Karl Eichmann
Protokoll der Sitzung 69 (Auszug)
vor
den Herren Richtern:
Mosche Landau, Vorsitzender des Gerichtshofes
Benjamin Halevi
Jitzhak Raveh
Sitzung 69
Datum 7. Juni 1961
Sekretär: Josef Bodenheimer
Ankläger: Generalstaatsanwalt des Staates Israel,
Gideon Hausner
Verteidiger: Dr. Robert Servatius

Beginn der Sitzung
(Der erste Teil der Sitzung — Zeugenaussagen über Sterili-
sierungen — wird unter Ausschluß der Öffentlichkeit gehört.)

Herr Hausner: Ich will jetzt den Zeugen Herrn Dr. Aharon
    Beilin aufrufen.
(Dr. Aharon Beilin kommt zum Zeugenstand.)
Vorsitzender: Sie sprechen Hebräisch?
Zeuge Beilin: Jawohl.
Vorsitzender: Legen Sie bitte das Käppchen auf den Kopf,
    rechte Hand auf die Bibel ...
Zeuge Beilin: Ich schwöre bei Gott, daß meine Aussage in
    diesem Verfahren die Wahrheit sein wird, die volle Wahr-
    heit und nur die Wahrheit.
Vorsitzender: Ihr voller Name bitte.
Zeuge Beilin: Dr. Beilin, Aharon.
Staatsanwalt: Herr Dr. Beilin, Sie wohnen in Tel-Aviv, Louis-
    Marshall-Straße 33?
Zeuge Beilin: Jawohl.
Staatsanwalt: Sie sind Arzt?
Zeuge Beilin: Jawohl.
Staatsanwalt: Im Februar 1943 wurden Sie aus Bialystok
    vertrieben?

Zeuge Beilin: Nach Auschwitz.

Staatsanwalt: Sie wurden in einen bestimmten Block gebracht. Dort wurden Sie nach Berufen eingeteilt?

Zeuge Beilin: Ja, dort war eine Standardliste, die Prominenten waren die S-vauer, und die B-vauer, das waren die Schwerverbrecher und Berufsverbrecher, Deutsche, die zu Gefängnisstrafen verurteilt waren und in die Konzentrationslager geschickt wurden. Nach dieser Liste wurden die frischen Zugänge eingeteilt, einerseits die freien Berufe, andererseits die Kriminellen. Solche, die keine freien Berufe hatten und keine Kriminellen waren, wurden gleichmäßig auf die beiden Gruppen aufgeteilt. Solche, die beweisen konnten, daß sie irgendwelche kriminelle Vergangenheit hatten, bekamen Funktionen: Eßdienst, Stubendienst usw.

Vorsitzender: Einen Moment, Stubendienst, was bedeutet das?

Zeuge Beilin: Arbeit in den Baracken. Ich wußte davon nichts, ich sagte, ich wäre Arzt, und ich wurde in die Gruppe von den Lehrern, Schauspielern usw. eingeteilt, und wir bekamen immer die schlechteste Arbeit, Zwangsarbeit wie z.B. Latrinen putzen oder das Essen bringen. Das Essenanfahren war in Birkenau eine Gefahr, denn es gab nicht eine Mahlzeit, wo nicht das Essenholkommando in der Küche sich stellen mußte und der Transportführer dort mehrere umbrachte. Er schlug mit den großen Holzlöffeln auf die Köpfe dieser Eßtransporte.

Vorsitzender: Sie sind Arzt? Sie waren schon damals Arzt?

Zeuge Beilin: Ja, ich beendete meine Studien im Jahre 1934. Nach der kalten Dusche, die wir erhielten, nachdem wir nackt herumliefen, und nach der Entkleidungskammer, wo wir die Kleider, die sogenannten Klamotten erhielten, wir mußten immer nackt herumlaufen, ist es selbstverständlich, daß Lungenentzündungen und andere Erkrankungen eintraten.

Vorsitzender: Gab es ärztliche Vorgesetzte über die Klinik?

Zeuge Beilin: Ja. Ich kann mich an drei Ärzte erinnern, ich erinnere mich an Dr. Rode, das war der erste, der Selektionen durchführte, gleich bei der Ankunft, Dr. Hendersen, den Gerüchten nach war er der Sohn des Befehlshabers der Polizei in Berlin. Nachher gab es natürlich den Dr. Mengele. Ich kannte ihn schon vom Zigeunerlager her.

Staatsanwalt: Was war das Schicksal der jüdischen Ärzte und Ihr eigenes Schicksal?

Zeuge Beilin: In Auschwitz, in Birkenau, waren wir ja nicht Ärzte, wir waren sogenannte Pfleger. Ein Jude ist kein Arzt. Ein Jude ist ein Abtreiber und ein Giftmischer. Wir waren also Pfleger, und die Pfleger gaben nicht nur medizinische Abhilfe, die sehr schwer zu geben war, wir hatten ja keine Arzneien, und auch Verbandstoff, den wir erhielten, der war aus Papier. Diese Verbände waren nach 5 oder 10 Minuten naß oder auch nur durch Bewegung unbrauchbar.

Staatsanwalt: Also, ihr gabt medizinische Abhilfe?

Zeuge Beilin: Ja, in normalen Zeiten.

Staatsanwalt: Wieviel Ärzte gab es in der Klinik?

Zeuge Beilin: In der Klinik gab es 12 bis 15 Ärzte, im Abschnitt IId, wo ich arbeitete in Birkenau.

Staatsanwalt: Es gab Krankheiten, Seuchen?

Zeuge Beilin: Jawohl.

Staatsanwalt: Was für welche?

Zeuge Beilin: Erstens Flecktyphus, und dieser Krankheit konnte man nie Herr werden. Es gab zeitweilige Ansteigungen und Senkungen, aber die Seuche endete nicht. Man konnte nie ihrer Herr werden. Es gab Diarrhoe. Die Diarrhoe war das Resultat von Unterernährung und Schmutz. Wir hatten keine Laboratorien und konnten daher die genauen Diarrhoe-Gründe nicht feststellen, aber Opium gab es, das sowohl ermöglichte, die Diarrhoe aufzuhalten, wie auch wieder Nahrung zu sich nehmen zu können. Aber das war teurer als das Leben selbst. 20 Tropfen Opium. Selbstverständlich, auch hier gab es eine energische Medizin, die berühmte Arznei von IG-Farben.

Staatsanwalt: Wann kamen die ersten Zigeuner nach Auschwitz?

Zeuge Beilin: Im September 1944. Wir wurden durch Dr. Helmersohn ausgewählt. 18 Juden, Ärzte, später kamen noch 180 Polen, unter denen auch Ärzte waren. Wir wurden aus B IId vertrieben in ein leeres Lager. Am Abend.

Staatsanwalt: In welchem Jahre war das, bitte?

Zeuge Beilin: Im Jahre 1943, September. Dann kamen die Zigeunertransporte an, mit ihren Familien, Alten, Frauen und Kindern, mit ihren Musikinstrumenten wurden sie ins Lager gebracht, sie spielten und sangen. Innerhalb 3, 4 Tagen war das Lager voll, daß heißt 18 000 Menschen.

Staatsanwalt: Alles Zigeuner?

Zeuge Beilin: Ja, alles Zigeuner. Es gab auch solche, die blond und blauäugig waren, vielleicht aus Mischehen, oder war das die zweite Generation, jedenfalls gab es blonde Zigeunerinnen.

Staatsanwalt: Aus welchem Lande kamen sie?

Zeuge Beilin: Aus der Tschechoslowakei, aus Polen, aus Holland, aus Belgien, aus Frankreich, aus Luxemburg und auch aus Deutschland, aus Rumänien und aus Ungarn. Da gab es eine Ausrede, die Zigeuner selbst sagten, daß in Ungarn die ungarischen Adeligen viel Zigeunerblut in sich haben, und daher stimmte die ungarische Regierung dem Abtransport der Zigeuner nicht zu. Das war die Vermutung.

Staatsanwalt: Besprachen Sie mit anderen Ärzten die Behandlung der Zigeuner?

Zeuge Beilin: Jawohl, mit polnischen Ärzten (von denen im Laufe der Zeit 8 starben), unter ihnen eine Ärztin, heute lebt sie in New York, eine Jüdin aus Deutschland, aus Westerbor.

Staatsanwalt: Gab es unter den Zigeunern auch solche, die vom deutschen Armeedienst eingeliefert wurden?

Zeuge Beilin: Ja, die kamen ins Lager, sie wußten ja gar nicht, was das bedeutet, es gab unter ihnen solche, die uns mit ›Heil Hitler‹ begrüßten, es gab unter ihnen solche, die sich nicht von einem jüdischen Arzt untersuchen lassen wollten. Wenn ich das Stethoskop herausnehmen wollte, mußte ich den Rock aufmachen, da sahen sie das Judenzeichen und sagten mir: ›Jude, ich lasse mich vom jüdischen Arzt nicht untersuchen.‹ Das war die erste Patientin im Schwindsuchtsblock, sie war schwindsüchtig und wollte wissen, ob sie einen weiteren Füllpunkt benötige. 1 1/2 Monate darauf war ich zusammen mit einem polnischen Freund dort, ein Universitätsfreund, und er fragte mich: ›Was sagt sie denn?‹, da sagte ich ihm: ›Sie sagte, sie wolle sich nicht von einem jüdischen Arzt untersuchen lassen.‹ Darauf lachte er und sagte mir: ›Sage ihr doch,

300 Meter von da gibt es das Krematorium.‹ Ich sagte ihr das natürlich nicht, denn ich hatte Angst, daß sie mich bei der politischen Abteilung der Greuelpropaganda bezichtigen könnte. Drei Wochen später sah ich die Zigeunerin, ich arbeitete damals schon in einem anderen Block, und ich hörte, daß man mich rief: ›Herr Doktor, Herr Doktor!‹ von der obersten Pritsche im Block, der inzwischen übervoll geworden war mit Schwindsüchtigen. Ich schaute mir das mager gewordene Gesicht an, und sie fragte mich: ›Kennen Sie mich denn nicht? Ich bin doch Ihre erste Patientin im Schwindsuchtskrankenblock.‹ Ich erkannte sie und fragte sie, wie es ihr gehe. Sie sagte mir: ›Herr Doktor, das ist Mord, das haben wir nicht gewußt.‹

Staatsanwalt: Gab es auch Zigeuner, die aus Deutschland in Militäruniformen ankamen?

Zeuge Beilin: Jawohl.

Staatsanwalt: Woher kamen die?

Zeuge Beilin: Die kamen mit den Transporten, sie erzählten, daß sie beim Zigeunerreferat registriert wurden, und da sie mit all ihren Habseligkeiten kamen, hatten sie auch Lichtbilder, ich sah, er zeigte mir ein Bild, daß er Warschau bombardiert hatte in deutscher Uniform, jedoch ohne Rangabzeichen und ohne Überschwang. Es gab dort auch Offiziere und Unteroffiziere, sie waren sehr verbittert, sie wußten gar nicht, was geschehen war, sie waren dem deutschen Vaterlande so ergeben, und plötzlich über Nacht tat man ihnen an, was man ihnen antat.

Staatsanwalt: Wie lebten diese Zigeuner im Lager, die lebten doch im Familienlager, das soll in Auschwitz etwas Besonderes gewesen sein?

Zeuge Beilin: Nach Theresienstadt war das das zweite und auch das letzte Familienlager. Dort kamen sogar Säuglinge zur Welt und wurden am Tage der Geburt auf den kleinen Händchen tätowiert. Es kam der politische Aufnahmeschreiber unter SS-Aufsicht und tätowierte.

Vorsitzender: Das waren Zigeunerbabys? Säuglinge?

Zeuge Beilin: Ja, mit dem Buchstaben Z (Zigeuner) Z-1, Z-2 usw. Als man mich tätowierte, fragte ich, wozu das gut sei. Ich verstand das nicht, da sagte man mir, damit man meine Leiche identifizieren könne, das ist alles.

Staatsanwalt: Was ist Ihre Nummer?

Zeuge Beilin: Häftling 1136.100736.

Staatsanwalt: Was war das Schicksal der Zigeuner im Lager?

Zeuge Beilin: Im Lager brachen Krankheiten aus. Krankheiten, die wir unter den Weißen nicht sahen, im Lager Birkenau war der Ausdruck Lager der Weißen und Lager der Zigeuner bekannt, wir sahen sie nicht unter den Weißen.

Staatsanwalt: Vielleicht benutzen wir andere Ausdrücke, das gibt einen unangenehmen Geschmack. Sprechen wir über Zigeunerlager und andere Lager. Was waren die Krankheiten?

Zeuge Beilin: Außer den banalen Krankheiten im Zigeunerlager brachen zwei Krankheiten aus, die wir uns nicht erklären konnten, und bis heute noch kann ich nicht feststellen, warum das gerade bei den Zigeunern sein mußte, das waren Pocken, die den schwarzen Pocken sehr ähnlich waren und die letale Ausgänge auszeichneten. Hunderte erlagen dieser Krankheit, denn außer Papierverbänden konnten wir den Leuten ja mit nichts helfen. Es ist interessant zu bemerken, wir hatten einen solchen Fall in Israel, Windpocken, die den schwarzen Pocken ähnlich sind, sie sind aber keine schwarzen Pocken.

Vorsitzender: Das interessiert mich sehr, aber ich frage mich nur, ob diese ärztlichen Einzelheiten uns für die Zeugenaussage wertvoll sein können.

Staatsanwalt: Also zur zweiten Krankheit?

Zeuge Beilin: Die zweite Krankheit war Noma. Noma, das heißt deutsch Wasserkrebs, und diese Krankheit ist eine Gangräne, und sie führt zu einer Perforation der Wange, durch welche man die Zunge und die Zähne durchsieht, das ist eine Folge mangelhafter Ernährung.

Staatsanwalt: Vielleicht darf ich Sie ein wenig führen?

Zeuge Beilin: Diese Krankheit war unter den Zigeunern weit verbreitet, und Dr. Mengele schlug den Ärzten vor, eine wissenschaftliche Forschung vorzunehmen, unter diesen gab es Dr. Eppstein aus Oslo. Er gab ihm die Wahl des Themas: Wir sind Feinde, Sie werden von hier nicht herauskommen. Wenn Sie für mich wissenschaftliche Arbeit leisten, die ich in Ihrem Namen veröffentlichen kann, werden Sie Ihr Leben verlängern. Das sagte Mengele dem Dr. Eppstein.

Vorsitzender: Sagte er das in Ihrer Anwesenheit?

Zeuge Beilin: Nein, Eppstein erzählte das, und Eppstein verneinte. Er verneinte es, bis wir ihn überzeugten, daß das eine Tür zur Hilfe eröffnete und daß er es daher tun solle.

Zeuge Beilin: Professor Eppstein schlug ihm vor, daß um eine wissenschaftliche Forschung zweckmäßig durchzuführen, benötige man Arzneien und Mittel.

Staatsanwalt: Das Schicksal der Zigeuner war wohl das Schicksal anderer Lagerinsassen?

Zeuge Beilin: Ich kann mich an ein Mädchen von 11 Jahren entsinnen. Es geschah da etwas ganz Sonderbares. Selbstverständlich, daß alle Urkunden am selben Tag abgenommen wurden, und er behauptete, er müsse diese Arbeit hüten, als ob es sein Leben bedeute. Und wir fühlten gar nicht, was da vorgeht.

Staatsanwalt: Was war das Schicksal des Lagers?

Zeuge Beilin: Am nächsten Tag wurden 600 Zigeuner ausgewählt. Diejenigen, die arbeitsfähig waren und die sich von ihren Familienangehörigen verabschieden wollten, die gingen mit dem Transport und winkten sogar aus dem Zug den Frauen und Kindern, die im Lager zurückblieben. Mengele hielt den Familien eine Ansprache, daß sie zum Arbeitseinsatz gebracht würden und zurückkommen würden. Und daß die Familien hier in treuen Händen seien und daß sie hier gut behandelt würden.

Staatsanwalt: Diese Ansprache hörtet Ihr mit eigenen Ohren?

Zeuge Beilin: Ja, das hörte ich mit eigenen Ohren.

Staatsanwalt: Was geschah am Abend?

Zeuge Beilin: Am Abend kamen die Lastkraftwagen und begannen, das Lager auszuleeren. Die Kinder, die zurückblieben, wurden mit Pflegerinnen in einem Block konzentriert. Derselbe war gegenüber dem Block, in dem ich arbeitete. Doch als der Block geleert wurde, schickte mich ein SS-Mann und sagte: ›Geh und lösch dort das Licht aus.‹ Erst konnte ich alles sehen. Nachdem ich das Licht ausgelöscht hatte, fühlte ich auf einmal eine Hand auf der Schulter mit dem Befehl: ›Rauf.‹ Das war das Auto mit den Kindern. In der letzten Minute sagte ich, ich sei Jude. Da sagte er: ›Jude, das hat noch ein paar Wochen Zeit, marsch.‹

Vorsitzender: Von welcher Einheit war Mengele?

110

Zeuge Beilin: Mengele gehörte zur SS. Er war Hauptsturm-führer. Dr. Josef Mengele. Ein Arzt. Man sagte, daß er so-gar zwei Doktorate hat. Eines in Philosophie und eines in Medizin.

Staatsanwalt: Was war das Schicksal der zurückgebliebenen Zigeuner?

Zeuge Beilin: Es blieben keine übrig. Der Rest wurde in die Gaskammern verbracht. Das Lager wurde vollkommen ausgeleert.

(Die Szene verwandelt sich wieder zurück, wie am Anfang stehen der Studiendirektor, die Studienrätin und die Herren vom Ministerium bzw. des Schulreferats zusammen.)

MINISTERIALRAT Was war denn des für ein Text der da zum Schluß als Stimmungstöter herhalten hat müssen wer hat denn den geschrieben

STUDIENRÄTIN Das ist ein Protokoll aus dem Eichmannprozeß als Fußnote sozusagen zum Abiturthema deutsche Geschichte erinnern und versöhnen

MINISTERIALRAT *(etwas angesäuert)* Echt sozusagen das hat sozu-sagen die Wirklichkeit geschrieben den Text

STUDIENDIREKTOR *(verzweifelt)* Jaja

STUDIENRÄTIN Wir haben gedacht daß grade dieser Text also die Vielschichtigkeit da kommt ja raus daß die andern auch rassi-stische Vorurteile

STUDIENDIREKTOR *(unterbricht sie)* Also die Zigeunerin die sich von einem Juden nicht untersuchen läßt weil sie Vorurteile hat *(schaut)* also es kommt doch gut raus

MINISTERIALRAT *(ruhig freundlich)* Daß die andern auch Menschen waren mit allem Drum und Dran ned bloß mir Deutschen

STUDIENDIREKTOR *(schaut nickt)* Jaja

MINISTERIALRAT *(freundlich)* Das war schon eine schlimme Zeit damals und ich find es nicht schlecht wenn das kommt obwohl man hats ja dem Publikum angesehen es hätt lieber mehr aus-ländische Musik gehabt da sinds halt alle mitgangen der App-laus war dann zum Schluß weniger gut daß den Eichmann ned direkt erwähnt haben sondern sein Drumherum der war ja eine tragische Figur dem verdanken wir ja auch die sechs Mil-lionen vergaste Juden er war es doch der in einem Verhör ge-sagt hat ich fühle mich schuldig am Tod von sechs Millionen

Juden und als er es unterschreiben hätt sollen da hat er das schuldig durchgestrichen und mitschuldig draus gemacht der Pedant der komische neinnein da ist es aber um Zigeuner gegangen in der kleinen Szene gell das hab ich richtig verstanden gut daß wir so viel Wiedergutmachung gemacht haben in der Vergangenheit ich hab zwar etwas Erfreuliches erwartet Herr Direktor wie es so schmissig begonnen hat gell aber es schadt nix auf eines hätten Sie vielleicht hinweisen lassen sollen so in einer Fußnote obwohl wie geht eine Fußnote im Theater *(lacht)* daß es bis heute eine Schande der Bundesrepublik Deutschland bleibt daß sie keinen Auslieferungsantrag an Israel gestellt hat keinen da hat sie sich taub gestellt den Eichmann wollte man nicht haben den hat man den Juden gelassen und er war doch ein Deutscher er war doch ein Deutscher und man hätt seine Auslieferung von die Juden zumindest beantragen müssen er mag ja unermeßliche Verbrechen auf sich geladen haben aber man hätt seine Auslieferung beantragen müssen damit hätt man ihm die Todesstrafe ersparen können und er wär nach rechtsstaatlichen Grundsätzen eingesperrt worden da tät er heut noch sitzen und wär nicht von die Juden nach Gesetzen die es noch gar nicht gegeben hat wie er seine Taten tat weil es zu dieser Zeit den jüdischen Staat *(lacht)* noch nicht gegeben hat abgeschlachtet worden neinnein da hat sich Deutschland blamiert man kann doch vor der menschlichen Gesellschaft sozusagen seine Rechte verwirken durch unmenschliche Verbrechen aber ein Deutscher bleibt wenn man einer ist also sehr schön wars Wiedersehn bis zum nächsten Jahr pfiat Gott *(Er gibt den Umstehenden die Hand und geht ab)*

STUDIENRÄTIN Da sehen Sie es ist alles gut gegangen

STUDIENDIREKTOR Jaja das stimmt schon aber *(schaut dem Ministerialrat nach)* gut daß wir Deutsche sind

STUDIENRÄTIN *(ehrlich)* Also wenn ich mich in Deutschland nur noch sicher fühlen kann weil ich eine Deutsche bin dann fühl ich mich in Deutschland nicht mehr sicher

STUDIENDIREKTOR *(unsicher)* Jaja das sagt sich so leicht *(schnauft durch)*

STUDIENRÄTIN Kopf hoch Sie sind noch ganz benommen von der Aufführung ich find unsere Kinder haben das sehr gut gespielt

STUDIENDIREKTOR Jaja sehr gut so gut als würden sie als hätten sie es erlebt

STUDIENRÄTIN Es gibt halt doch noch anständige Deutsche
STUDIENDIREKTOR Jaja wenn ich nur wüßt wie viele

Dachau Fantasie

Das Innere einer Versöhnungskirche; Menschen, die ihre Habse-
ligkeiten packen, teils willig, teils widerwillig, und nach draußen
tragen. Sie reden untereinander »ausländisch«. Kinder dazwi-
schen.
Nicht brutal, aber konsequent, zwischen den packenden Men-
schenbündeln, ein Sondereinsatzkommando der Polizei.
Da die Menschen nicht gern gehen, dauert die Szene schon des-
halb lang.

EINSATZLEITER *(mit Megaphon)* Ich fordere Sie hiermit noch einmal auf den Anordnungen der Polizei nachzukommen auch
die Kirche ist kein rechtsfreier Raum ich fordere Sie noch mal
auf sofort mit Ihrer persönlichen Habe nach draußen zu kommen wer dem Aufruf freiwillig nachkommt dem wird freies
Geleit bis an die Grenze seines Heimatlandes zugesichert.
KATHOLISCHER PRÄLAT DER LANDESKIRCHE Seien Sie doch vernünftig
liebe Menschen diese Kirche befindet sich auf dem Gelände
eines ehemaligen Konzentrationslagers hier auf diesem Boden liebe Menschen wurden Hunderttausende Menschen un-
schuldig gequält gemartert gemordet
EINSATZLEITER Es muß Ihnen doch klar sein daß das nicht der ge-
eignete Ort ist um politische Demonstrationen durchzuführen
hier spricht die Polizei verlassen Sie die Versöhnungskirche
gehen Sie nach draußen und halten Sie sich für den Abtransport bereit wer sich widersetzt macht sich des Widerstandes
gegen die Staatsgewalt der Zusammenrottung des Hausfrie-
densbruchs und der Sachbeschädigung schuldig seien Sie
doch vernünftig draußen ist die Bundesrepublik Deutschland
draußen ist nicht das Dritte Reich Sie haben nichts zu befürch-
ten ich wiederhole draußen ist der Rechtsstaat Bundesrepublik Deutschland wir fahren Sie mit bereitgestellten Bussen bis
an die Grenze Ihres Heimatlandes Sie erhalten Proviant Wasser Windeln Sie haben alle rechtskräftige Urteile daß Ihre Asyl-
gesuche abgelehnt worden sind sofern Sie überhaupt welche

113

gestellt haben hier spricht die Polizei – gehst her Bürscherl *(zerrt einen hinaus)* und du aa auf gehts sonst helfen wir nach – wir machen jetzt das Ganze noch mal in Ihrer Landessprache *(Wiederholung des Textes ausländisch)*

(Die Kirche wird langsam leer)

EINSATZLEITER Das hättma Herr Prälat dankschön für Ihre Kooperation die hat bestimmt Schlimmeres verhindert *(Er wendet sich zum Altar, macht eine Kniebeuge und das Kreuzzeichen)*

KATHOLISCHER PRÄLAT DER LANDESKIRCHE *(nickt, Pause, plötzlich starrt er das große Kreuz über dem Altar an; einer hat sich wie Jesus hingehängt, um übersehen zu werden)* O Gott *(leise, unschlüssig)* da hängt glaub ich noch einer

EINSATZLEITER Wo

KATHOLISCHER PRÄLAT DER LANDESKIRCHE Da da oben

EINSATZLEITER *(schaut)* Der da

KATHOLISCHER PRÄLAT DER LANDESKIRCHE Jaja der da

EINSATZLEITER Aber das is doch

KATHOLISCHER PRÄLAT DER LANDESKIRCHE *(leise)* Das ist er nicht *(starrt hinauf)* der lebt

EINSATZLEITER *(starrt auch hinauf)*

KATHOLISCHER PRÄLAT DER LANDESKIRCHE Das ist ein freies Kreuz ohne den geschundenen Corpus Christi ein freies Kreuz ist in einer Versöhnungskirche wie unserer das Richtige um wir haben ja KZ-Opfer aus mehr als zehn Nationen hier allein die Tausende ermordeten russischen Kriegsgefangenen und die Zigeuner aus aller Herren Länder das freie Kreuz soll den unterschiedlichsten Religionsgemeinschaften entgegenkommen

EINSATZLEITER *(starrt auf das Kreuz)* Sie meinen das is ein

KATHOLISCHER PRÄLAT DER LANDESKIRCHE Das ist nicht Jesus das ist ein Asylant

(Es entsteht ein wüster Kampf, denn der Mann am Kreuz wehrt sich heftig)

EINSATZLEITER *(nervös)* Des werma gleich sehn *(Er sticht dem Mann am Kreuz mit dem Lauf seiner MP in die Seite, der Mann am Kreuz zuckt vor Schmerz)* Ja des mechst ja ned glaubn ja des derfa ned wahr sein schänden verunreinigen de die Versöhnungskirche und macha se an politischen Jux und scheren sich einen Dreck um die Hunderttausende Menschen die hier von den Nazis ermordet worden sind

KATHOLISCHER PRÄLAT DER LANDESKIRCHE Mein Gott verlassen Sie dieses Kreuz um Himmels willen das ist ja eine Todsünde

(Der Prälat sinkt nieder und betet, während mehrere Polizisten zum Kreuz stürzen und den Mann dort herunterzuziehen versuchen)

EINSATZLEITER Dene san die Tränen des Blut der Schweiß scheißegal dene is alles recht bloß damits ned abgschobn werdn und Dreck auf die Bundesrepublik schmeißen kenna

KATHOLISCHER PRÄLAT DER LANDESKIRCHE *(betet laut gegen das Übel)* Denken Sie an das Lamm Gottes Sie sind doch auch katholisch fast alle Zigeuner sind doch katholisch die überwiegende Mehrzahl der hier Umgekommenen war doch auch katholisch

EINSATZLEITER Gehst her da du Bürscherl du gehst runter do von dem Kreuz ja du moanst mir san blind

KATHOLISCHER PRÄLAT DER LANDESKIRCHE Sprechen Sie mir nach und tun Sie was die Polizei von Ihnen verlangt Herr ich bin nicht würdig daß du eingehest unter mein Dach aber sprich nur ein Wort und meine Seele wird gesund *(schreit)* selig die zum Mahl des Herrn geladen sind aber ewiglich werden die in der Hölle brennen deren Herzen von Sünde kalt ist öffne dein Herz und komm von diesem Kreuz herunter

(An der Kirchentür erscheint ein als einheimisch gut Erkennbarer und will herein)

EINHEIMISCHER *(schreit)* Ja gehst owa mir kriegn dich schon schaugts erm o de schreggan doch vor gar nix zurück da siegt mas doch daß der Staat iwahaupts nimma funktioniert da lagern de Zigeuna etzan scho wochenlang in dem ehemaligen KZ früher hodmas vun woass de Deife woher transportiert und heut gengans freiwillig eine weil koana mehr den deitschn Staat respektiert weil der Staat an den Haaren gezogen wird von dem Gsindel ich meine man sollt das KZ und wenn es nur zur Abschreckung gegen Nachahmer ist wieder in Gang setzen und dann schaun wir einmal wer da noch freiwillig kummt

(Polizeikräfte drängen den Einheimischen aus der Kirche hinaus)

KATHOLISCHER PRÄLAT DER LANDESKIRCHE O mein Gott

(Er sinkt wieder nieder und betet, während die Polizisten den Asylsuchenden endgültig vom Kreuz herunterziehen, überwältigen und hinaustragen. Pause.

Die Kirche ist nun leer

Nur noch der Prälat ist da. Er erhebt sich, blickt sich um, geht zum Altar, kniet nieder und betet still.

Dann erschrickt er: Jesus erscheint am Kreuz, der Prälat blickt auf, blickt nieder, kann es nicht fassen, erhebt sich, geht einen Schritt näher auf die Jesuserscheinung zu, hebt den Kopf, will den Mund öffnen, aber da spuckt ihm Jesus ins Gesicht und verschwindet.

Es dauert lang, bis sich der Prälat aus der Erstarrung lösen kann. Ungläubig wischt er sich den Speichel von der Stirn.

Der Prälat starrt auf seine Hand, die vom Speichel genäßt ist, und auf das leere Kreuz, dann küßt er den Speichel und blickt sich um, ob jemand die Szene gesehen hat.

Erleichtert wischt er den Speichel am geistlichen Kleide ab und verläßt schnellen Schritts die Versöhnungskirche.)

Memento Mori!

Wüste, ein wachsamer deutscher Blauhelm dazu. Hinter Sandsäcken sein MP-Nest.

BLAUHELM Der deutsche Steuerzahler wird jedes Jahr mit Milliarden für die Bundeswehr belastet – ja da ist doch verständlich, daß das deutsche Volk endlich amal sehen will, was wir kenna, draussd in da Weid. Das Volk will keine Taschenspielertricks in Karlsruhe, sondern daß der deutsche Soldat nicht mehr als Friedensstifter geächtet wird. Der Zweite Weltkrieg ist bald fünfzig Jahre vorbei, sogar einen Lebenslänglichen läßt man nach fünfzehn Jahren im Schnitt aus – und Deutschland? Wir haben gebüßt, gelitten, wiedergutgemacht. Der deutsche Soldat ist heute genauso demokratisch wie alle andern auf der Welt. Überall kracht es hin und wieder zwischen den Beteiligten eines Volkes – aber wenns woanders kracht, dann is es normal, und wenns bei uns kracht, dann schreit alles Zeter und Mordio. Wenn in Indien zwoa Religionsgemeinschaften aufeinanderprallen wie die Hindus und die Moslems wegen dieser Moschee da, dies niederbrennt ham, dann gibts ein paar hundert Tote, und wenn der Ami ein paar Polizisten freispricht, weils einen Schwarzen verdroschen haben, dann gibts einen Negeraufstand mit Plünderung, Chaos und Tote, und wenn Serben Moslems massakrieren und Moslems dann Kroaten massakrieren und die Kroaten wiederum andersherum, was is

116

dann? Nix is. Bei jeder Gemeindewahl in gewisse Länder gibts doch mehr Tote als mir verbrennte Türken haben. Überall kracht es hin und wieder. Man kann doch ned unser hochdemokratisches, fünfzigjähriges neues Deutschland dauernd mit Dreck beschmeißen, wenns woanders in dem gleichen Dreck tagein, tagaus herumwaten. Gut, wir ham an Haufa vergaste Juden aufm Buckel, aber wie viele umbrachte Indianer ham die Spanier und die Portugiesen auf dem Buckel? Und ham die Italiener koan Mussolini ghabt, und warn die Österreicher koane Nazis? Und hod da arische Polack an Judn ned genauso gehaßt wia da arische Deitsche, bloß daß der dann zur Tat geschritten ist und so weiter und so fort. Aber bei die andern sagt man sich, Schwamm drüber, und bei uns? Ich fordere keine Sonderbehandlung, sondern Gleichbehandlung. Deutschland hat ein Recht darauf, genauso behandelt zu werden wie alle andern Völker auch. Der Mensch verroht, wenn er dauernd mit seiner Vergangenheit konfrontiert wird, auch ein Volk kann verrohen, wenn man ihm gar keine Ruh laßt. Soll denn nur und ausgerechnet der deutsche Soldat zu schlecht sein, daß er ein paar Schwarze beibringt, daß man sich nicht gegenseitig abschlachtet, nur weil man vom einen oder anderen Clan ist? Unser Geld wollens doch auch überall auf der Welt. Da hebens die Händ auf, und schreien Hosianna, wenn des kummt. Etz kommt eben einmal der deutsche Staat in seiner ganzen klaren historischen Gestalt, und er kommt nicht mit leere Hände. Wir sind nicht mehr das Volk der Rassisten und Henker, sondern wir sind wieder das Volk der Dichter und Denker. Sicher, am deutschen Wesen soll die Welt nicht mehr genesen, das ist überholt, aber Ehre, wem Ehre gebührt, und Deutschland, das neue junge historische, ist reif für die Staatengemeinschaft, überreif. Für unser Geld sind wir denen sowieso schon lang reif genug. Etz wollma mehr! Und deshalb appelliere ich an die Heimat! Wo beginnt der Völkerstolz? Irgendwo im Ausland? Nix da, er beginnt bei Haus und Hof und Herd; also daheim. Da beginnt er, und eines versprech ich euch, deutsche Muttis, ihr könnts wieder stolz auf eure Burschn sein. – Was isn des, was krabbelt denn da? Was krabbelt denn da auf mich zu? Krabbelt das, weil es am Verhungern ist, oder krabbelts, weil es mir eine Handgranatn untern Arsch rollen will? Hier weiß man nichts, man ist auf den Instinkt angewiesen. *(Jagt mehrere Feuerstöße aus seiner MP)* Etz krabbelt nix mehr. Ob das jetzt ein braver oder ein böser Neger war? Es ist jedenfalls einer weniger. Das hat auch sein Gutes. Wir sind letztendlich hergekommen, um den Frieden und die Freiheit durchzusetzen. Und je weniger es zum Schluß sind, um so mehrer Frieden und Freiheit gibts pro Kopf und Nase. *(Nimmt einen großen Schluck aus seiner Wasserflasche)* Wasser braucht man, viel Wasser braucht man, sonst hat man nix zum Bieseln, und das ist schlecht in Afrika.

Marktlage

Pißgegend U- oder S-Bahnhof. Sie stehen in einem Eck um das Opfer herum. Am andern Eck werden die grade erschienenen Zeitungen vom nächsten Tag verkauft. Insgesamt heimliche Szene, verquält und still. Das Opfer ist ein dunkler, weicher Typ.

FÜHRER *(redet auf das Opfer ein)* A Mensch isa jeda, a Deutscha was Bsonders, a Nazi a Gnade. Awa wennst a Deutscha sei wuist, brauchst Deutschland, sunst bista Depp. Drum braucht da Deutsche Deutschland, weil a Deutscha ohne Deutschland is nix. I bin awa ned nix, i bin Deutschland. Wenni an Daimla hob, a Haus und an Privat-Jet, bini wer, a ohne Deutschland. Wenni a Fahrradl hob, brauche Deutschland untam Schlauch, sunst fahre ins Nirwana. Wenni a Monatskarten fürn MVV hob, brauche an Deutschn neba mir in da S-Bahn, sunst fahrma in Allahs Hand. Nirwana varegge, Allah varregge, a Deutscha braucht Deutschland, sunst hodda ja nix, wenna jeda Türk und jeda Asiatenaff a Deutscha sei ko. Ohne Deutschland kein Leben. Ich glaube an Adolf Hitler den allmächtigen Vater, Schöpfer des deutschen Reiches und an das deutsche Volk. Das Volk bin ich. *(Er nimmt eine Rasierklinge und ritzt sich routiniert eine Ader am Handgelenk auf, dann gibt er die Rasierklinge dem Opfer; das hat aber Angst und traut sich nicht.)* Etz mach schon, du Arsch! Wie lang soll ich noch vor mich hinblutn?

OPFER *(versucht es, kann sich nicht überwinden.)*

(Die anderen stürzen sich drauf, halten es fest und machen ihm den Schnitt – das Opfer schreit.)

FÜHRER Ob das ein deutsches Blut is, das so feig vor sich hinschreit? Man müßt mehr davon sehn, damit man weiß, was des für a Brühe ist.

(Opfer wird gepackt, niedergezwungen und mit der Rasierklinge mißhandelt – es blutet.)

FÜHRER Ein Blut, das so viel schreit, kann nicht deutsch sein.

OPFER *(weint)* Is deutsch.

FÜHRER Rein deutsch?

OPFER *(nickt weinend.)*

FÜHRER Das kannst du deiner türkischen Großmutter erzählen!

(Sie gehen lachend weiter, aufgekratzt, bis zum Zeitungsverkäufer, bleiben stehen, glotzen.)

FÜHRER Bildzeitung!

TÜRKISCHER ZEITUNGSVERKÄUFER Nix habe.

FÜHRER Was nix habe?

TÜRKISCHER ZEITUNGSVERKÄUFER Nix habe Bildzeitung.

FÜHRER Nix habe Bildzeitung?

TÜRKISCHER ZEITUNGSVERKÄUFER Ja nix.

FÜHRER Was du habe?

TÜRKISCHER ZEITUNGSVERKÄUFER AZ, TZ, SZ.

FÜHRER AZ, TZ, SZ du habe?

TÜRKISCHER ZEITUNGSVERKÄUFER Habe.

FÜHRER Warum du habe drei Kommunistenzeitunga und keine deutsche?

TÜRKISCHER ZEITUNGSVERKÄUFER Nix habe.

FÜHRER Nix deutsche Zeitung du habe. Nur Kommunistenscheiße du habe!

TÜRKISCHER ZEITUNGSVERKÄUFER Nix habe.

FÜHRER Warum, du Kanakensau?

TÜRKISCHER ZEITUNGSVERKÄUFER Bildzeitung komme in der Frühe, wenn Sonne scheint, nix komme Abend. Kaufe morge.

FÜHRER Arschloch.

TÜRKISCHER ZEITUNGSVERKÄUFER Du selber Arschloch.

FÜHRER *(lacht unsicher)* Der is guad. Der traut sich.

TÜRKISCHER ZEITUNGSVERKÄUFER Du kaufe oda gehe.

FÜHRER Nix gehe, nix kaufe. Wolle Bildzeitung von dir.

TÜRKISCHER ZEITUNGSVERKÄUFER Nix habe.

FÜHRER Du Pech. Wenn du habe Bildzeitung, ich dir kaufe 10 ab. Du nix habe, du nix Geschäft.

TÜRKISCHER ZEITUNGSVERKÄUFER Scheiß auf Geschäft, hau ab.

FÜHRER Du Knoblauchfresserdrecksau. Wie du mir sage hau ab, in meine deutsche Heimat, du Türkensau du haue ab.

TÜRKISCHER ZEITUNGSVERKÄUFER Nix habe Bildzeitung, nix brauche Bildzeitung, Bildzeitung viel Scheiße.

FÜHRER Du Scheiße!

TÜRKISCHER ZEITUNGSVERKÄUFER Du Scheiße.

FÜHRER Du Drecksau, wia kummsten du dazua, daß du mir – in Deutschland – zu einem Deutschen in Deutschland Scheiße sagst? Du bist doch hier die Scheiße, und ich bin hier zu Hause.

TÜRKISCHER ZEITUNGSVERKÄUFER Ich hier auch zu Hause, nicht bloß Arschloch du.

(Inzwischen hat sich das Opfer hinter den Zeitungsverkäufer gestellt, ihm eine Zeitung geklaut und diese mit dem Feuerzeug angezündet, dann schmeißt das Opfer die brennende Zeitung auf einen Stoß anderer Zeitungen. Der Türke merkt es und versucht, das Feuer auszutreten. Die andern nehmen nun auch Zeitungen, ballen sie zu Kugeln und zünden sie an und schmeißen sie auf den Türken und seine Zeitungsstapel. Der Türke hat keine Angst und kämpft fluchend gegen das Feuer. Schließlich brennt es schon rund um den Türken herum, und er kann das Zeitungsfeuer nicht mehr löschen. Er läuft weg und ruft um Hilfe. Das Feuer brennt weiter, niemand ist drin, der brennen könnte, bis die andern plötzlich das Opfer packen und in den brennenden Kreis stoßen.)

OPFER *(schreit)* Aber ich hab doch die Idee ghabt!

FÜHRER Zu was?

OPFER Zum Türkenanzünden.

FÜHRER Aber etz isa weg, und das Feuer brennt und weiß nicht warum. Kein Jud, kein Türk, keine Schwuchtel, nur Papier. *(Man hält das Opfer fest.)*

OPFER *(schreit)* Aber ich bin kein Türk, kein Feigling, kein Jud, ich bin einer von euch. Bitte bitte.

FÜHRER Dem Feuer ist kalt, und du wärmst es.

OPFER Warum?

FÜHRER Weil ich es sage.

OPFER *(verzweifelt)* Aber ich bin doch ein Deutscher, ich bin ein Deutscher. *(Er kann sich befreien, rennt schreiend weg.)* *(Die anderen lachen)*

FÜHRER Wo sind wir stehengeblieben? Ach ja *(zum Feuer)* Heil Hitler! *(Sie öffnen ihre Hosenschlitze und pissen hinein)*

Das Phantom

*In einem Polizeirevier, hinter seinem Schreibtisch der Beamte,
davor eine besorgte Frau. Im Hintergrund eine Leinwand mit einem Phantombild. Am Projektor ein anderer Polizeibeamter.*

POLIZEIBEAMTER Also, gute Frau, etz sind mir doch schon ganz nah
am Handfesten dran. Ich wiederhol noch einmal. Sie wohnen
in der Gartenkolonie und beobachten seit einigen Monaten
sonderbare Vorgänge auf dem Grundstück Ihres Nachbarn.

BESORGTE FRAU *(nickt.)*

POLIZEIBEAMTER Es treffen sich dort, meinen Sie, mehrmals in der
Woche in den Abend- und Nachtstunden bis zu einem Dut-
zend Personen, die, das schließen Sie aus der Heimlichkeit,
mit der die Personen das Haus betreten, dort konspirative Zu-
sammenkünfte abhalten.

BESORGTE FRAU *(nickt.)*

POLIZEIBEAMTER Im weitläufigen Garten des Anwesens, so jedenfalls kommt es Ihnen vor, finden paramilitärische Übungen
statt, bei denen Nah- und Häuserkampf geübt wird, wie man
es vom Fernsehen kennt.

BESORGTE FRAU *(nickt.)*

POLIZEIBEAMTER Auch, das meinen Sie deutlich erkannt zu haben,
wird mit nicht genauer identifizierten Wurfgeschossen das
Abziehen und Schleudern von Handgranaten geübt, das Ab-
schießen von Leuchtraketen, Auf- und Abbauen von MP-Stel-
lungen und so weiter.

BESORGTE FRAU *(nickt.)*

POLIZEIBEAMTER Aus dem Keller des Anwesens dringen des öfteren
Kampfschreie, zu später Stunde auch Stöhnen oder Grölen.

BESORGTE FRAU *(nickt.)*

POLIZEIBEAMTER Hin und wieder fährt ein Kleinlaster der Marke
Ford Transit vor dem Anwesen vor, und es werden Kisten ein-
und ausgeladen.

BESORGTE FRAU *(nickt.)*

POLIZEIBEAMTER Lärm im Keller des Anwesens läßt Sie darauf
schließen, daß zumindest der Hauseigentümer dort des öftern
Schießübungen durchführt.

BESORGTE FRAU *(nickt.)*

POLIZEIBEAMTER Wenn Sie den Nachbarn ansprechen, antwortet
er meistens nicht einmal mit einem Gruß, und wenn Sie ihn

fragen, was er sich bei all dem denke, sagt er, Sie sollten Ihre Nase gefälligst in Ihre eigenen Angelegenheiten stecken, sonst würde es Ihnen noch leid tun.

BESORGTE FRAU *(nickt.)*

POLIZEIBEAMTER Inzwischen haben Sie, die Sie gern in die Oper gehen, schon mal Ihren Operngucker genommen und durch die hin und wieder nicht mit Vorhängen abgedunkelten Fenster in das Haus geschaut. Sie haben das Gefühl, daß zumindest im Wohnzimmer an den Wänden Waffen und Uniformstücke hängen, die sich allerdings nicht genau zuordnen lassen, weil Ihr Operngucker da nicht weit genug reicht. Ganz sicher aber sind Sie sich, daß an der Stirnseite des als Aufenthaltsraum genutzten Wohnzimmers ein großes Bild hängt, das das Portrait dieses Mannes zeigt, von dem wir hier aufgrund Ihrer Beschreibung ein Phantombild angefertigt haben.

BESORGTE FRAU Jaja, so ähnlich schaut der aus, von dem sie das große Bild im Wohnzimmer hängen haben und zu dem sie immer hinaufschauen und hindeuten und sich verbeugen.

POLIZEIBEAMTER *(nickt)* So schaut er aus, aber, sagen Sie, einen Bart hat er.

BESORGTE FRAU Hat er.

POLIZEIBEAMTER Dann schaun wir doch einmal, um was für einen Bart es sich handelt, ob wir den genauer hinkriegen. *(Er gibt dem Beamten hinter dem Projektor ein Zeichen, der versieht nun das Phantombild mit verschiedenen Bärten.)*

BESORGTE FRAU Es ist immer so dunkel in dem Zimmer, daß man nicht genau erkennen kann, was Bart ist und wo vielleicht nur ein Gesichtsschatten ist.

POLIZEIBEAMTER Recht präzise ist das aber nicht, liebe Frau.

BESORGTE FRAU *(etwas beleidigt)* Mir war der Bart bisher nicht so wichtig.

POLIZEIBEAMTER Aber einen Bart hat er?

BESORGTE FRAU *(nickt.)*

POLIZEIBEAMTER *(drängt)* Da müssens jetzt aber schon nachdenken, gute Frau. Die Polizei muß Anhaltspunkte haben, wir sind ja in einen komplexen rechtlichen Rahmen eingebunden. Wir können ja ned einfach zu Ihrem Nachbarn hingehn und und, nur weil Sie –

BESORGTE FRAU Was?

POLIZEIBEAMTER Vielleicht haben Sie nur Schlafstörungen oder rege Träume, des gibts alles -

BESORGTE FRAU Neinnein, was ich sag, stimmt. *(Schaut auf den Projektor, schüttelt immer wieder den Kopf)* Das sind so viele, da komm ich durcheinander. *(Schaut, unsicher)* Der ... oder der

POLIZEIBEAMTER *(erfreut)* Der oder der?

BESORGTE FRAU Vielleicht?

POLIZEIBEAMTER Das fragen wir Sie, gute Frau. Konzentrieren Sie sich, der oder der?

BESORGTE FRAU Eher der. *(Kleine Pause.)* Oder ...

POLIZEIBEAMTER *(drängt)* Also, Fraule, einer davon muß es doch sein.

BESORGTE FRAU Da muß ich nachdenken ...

POLIZEIBEAMTER *(bittet)* Aber, Fraule, des sind doch zwei ganz verschiedene Barttypen, was gibts denn da zum Nachdenken?

BESORGTE FRAU *(schnauft)*

(Das Phantombild »schwankt«, am besten zwischen Adolf Hitler und Ho Tschi Min.)

POLIZEIBEAMTER *(unruhig)* Welcher Bart ist es jetzt, den der Mann auf dem Bild im Wohnzimmer Ihres Nachbarn hat, das wie eine Heiligenfigur verehrt wird. Der oder der?

BESORGTE FRAU *(verzweifelt)* Ich weiß es nicht.

POLIZEIBEAMTER *(hinterm Projektor)* Der oder der?

BESORGTE FRAU Ich weiß es wirklich nicht. *(Frisch)* Aber ein Bart ist es auf jeden Fall, und alles andere, was ich Ihnen gesagt hab, stimmt auch.

POLIZEIBEAMTER *(grantig)* Der oder der?

BESORGTE FRAU *(schnauft nur.)*

POLIZEIBEAMTER Etz strengen Sie sich doch an, Fraule, des is wichtig.

BESORGTE FRAU Warum ist denn der Bart so wichtig?

POLIZEIBEAMTER Fraule, wenns der da ist, dann schick ich Ihrem Nachbarn ein Sondereinsatzkommando mit zwanzig Mann und drei Scharfschützen, und wenns der da is –

BESORGTE FRAU Dann?

POLIZEIBEAMTER Dann schick ich ihm eine Vorladung – auf dem Postweg.

Thema verfehlt

In einem Klassenzimmer; Schüler und Unruhe. Der Lehrer versucht, sich durchzusetzen.
Die Klasse ergreift zwar Partei für den Schüler, aber weniger, weil sie ihm zustimmt, sondern weil sie die Situation dafür benutzt, den Lehrer fertigzumachen. Das verdient er zwar, aber ein armes Schwein ist er auch. Natürlich gibt es auch einige Gegenstimmen, die Arschloch oder Kommunistenarsch u.ä. schreien.

LEHRER Setzen Sie sich und schweigen Sie! Ich verbiete Ihnen, Ihren Aufsatz hier vorzulesen. Sie haben das Thema verfehlt und eine entsprechende Quittung ah Note erhalten.

KLASSE *(schreit)* Wir sind das Volk! Wir sind das Volk!

LEHRER Ruhe! Ruhe! *(Er hat einen Stapel Aufsätze vor sich, der oberste wird ihm weggenommen, er wandert über die Tische.)*

DER SCHÜLER *(erhält auf diesem Weg seinen Aufsatz und beginnt vorzulesen)* Am zwanzigsten Juli neunzehnhundertdreiundneunzig hat der mit der Gnade der späten Geburt bewaffnete deutsche Bundeskanzler Kohl Helmut einen gewissen Jünger Ernst zwecks Erörterung von poetischen und politischen Fragen in seinem Haus in Wilfingen besucht.

LEHRER *(schreit)* Das Thema hieß der zwanzigste Juli 44 und nicht der zwanzigste Juli 93.

DER SCHÜLER Es ist nicht bekannt, ob sich Kohl mit dem Dichter auch über den zwanzigsten Juli vierundvierzig unterhalten hat, aber es ist eher zu bezweifeln, da Kohl damals unmündig war und Jünger ein Tagebuch schrieb.

LEHRER *(schreit)* Thema! Thema!

DER SCHÜLER Daß bei diesem historischen Besuch ein gewisser Mitterrand François anwesend war, ist für die Untersuchung von minderer Bedeutung, da dieser französischer Staatsbürger ist und es mit seinem Volk abmachen soll. Uns bleibt der deutsche Staatsbürger Kohl.

LEHRER Sie erhalten zwei Stunden Arrest wegen ungebührlichen Verhaltens: Wo ist das Klassenbuch? *(Er findet es nicht.)*

DER SCHÜLER Ob Kohl zwischen Dialekt und Dialektik unterscheiden kann, ist unbekannt –
(Die Klasse grölt.)

DER SCHÜLER Wohl aber hatte Jünger ein dialektisches Verhältnis zu den Nazis dergestalt, daß er einerseits ihr Wegbereiter war, so nennt ihn schon 1938 der französische Germanist Edmond Vermeil einen geistigen Vorläufer für Hitler und Rosenberg. *(Ätzend zum Lehrer)* Die Quellenangaben sind am Schluß vermerkt, Herr Oberstudienrat.

(Die Klasse grölt.)

DER SCHÜLER Seit Kriegsbeginn war der Dichter Stabsoffizier bei der Wehrmacht, bis er kurz vor dem endgültigen Zusammenbruch merkte, daß das Schiff untergeht, und sich so weit abseilte, daß er nach 45 als agiler Wendehals wieder voll da war. So voll, daß er nebst vielen anderen Auszeichnungen 1977 das Große Bundesverdienstkreuz mit Stern der Bundesrepublik Deutschland erhielt. Das Blättern in den Werken des Dichters, den der deutsche Bundeskanzler schon des öfteren besuchte, ist aufschlußreich. Am 6. September 1939 etwa beglückt uns der Dichter in seinem Tagebuch mit dem Satz: Jeder Krieg fängt mit Lehrgängen an.

(Die Klasse grölt.)

DER SCHÜLER Am 17. September 1939 konstatiert er dankbar, daß der tägliche Dienst an den Schießständen kleine Übel vertreibe – zum Beispiel seine Bindehautentzündung. Poetisch ist er am gleichen Tag auch und schreibt: Wenn wir in eine neue Stadt geraten, schweben die schönen Mädchen und Frauen zunächst wie Traumerscheinungen an uns vorbei – geil nich?

(Die Klasse grölt.)

DER SCHÜLER Am 24. Juni 1940, der Krieg tobte schon ein bißchen, vermerkt der Dichter Gedanken über Führung und meint: Es gibt keine verkannten Genies. Jeder findet im Leben den ihm angemessenen Platz. Wir werden genau mit dem sozialen Potential geboren, das wir verwirklichen. Zu diesem Zeitpunkt gibt es schon mehr als eine Million Menschen, die kriegsbedingt ihren angemessenen Platz gefunden haben, äußerst sozial, weil anspruchslos, unter der Erde.

LEHRER *(brüllt, flüstert, tobt)* Thema, wo ist das Thema. Das Thema bitte.

DER SCHÜLER Am 23. Juni 1940 denkt der Dichter über die Unterschiede zwischen Erstem und Zweitem Weltkrieg nach und schreibt folgendes: Damals die hohen Orden für die Erlegung von Gegnern –

LEHRER *(heult auf.)*

DER SCHÜLER – so steht es wörtlich beim Dichter, Herr Oberstudienrat –, heute das Bändchen für einen Rettungsgang. Im

Zweiten Weltkrieg ist der Dichter nämlich schon zu alt, um noch ins »Feuer eintauchen« zu dürfen, er muß hintennach stolzieren und darf höchstens mal einen verwundeten Artilleristen retten. Man gönnt ihm nichts mehr!

(Die Klasse grölt.)

DER SCHÜLER Am 31.12.1942 schreibt der Dichter: Am Abend Sylvesterfeier im Stabsquartier. Ich sah hier wieder, daß reine Festfreude in diesem Jahr nicht möglich ist. So erzählte der General Müller von den ungeheuerlichen Schandtaten des Sicherheitsdienstes nach der Eroberung von Kiew. Auch wurden wieder die Giftgastunnels erwähnt, die mit Juden besetzte Züge einfahren. Das sind Gerüchte, und ich notiere sie als solche; doch sicher finden Ausmordungen im größten Umfang statt.

(Die Klasse wird stiller.)

DER SCHÜLER Wer nun denkt, da hätts bei unserm Dichter klick gemacht, irrt sich.

LEHRER Umgangssprachlicher Jargon!

(Die Klasse grölt.)

DER SCHÜLER Zieht er die Uniform aus? Giftgas und Ausmordungen sind doch nur unter dem Uniformmantel der deutschen Wehrmacht möglich, spuckt er dem General in die Fresse? Mensch, Dichter; tu was!

LEHRER *(brüllt, flüstert, tobt)* Thema, wo ist das Thema. Das Thema bitte.

DER SCHÜLER Er hat die Greuel zitiert, er erfindet den Begriff Ausmordung, zieht er eine Konsequenz? Nichts zieht er, der historische Geisterfahrer geistert weiter.

LEHRER *(brüllt Unverständliches dazwischen.)*

DER SCHÜLER Am 2. Januar ist er zu Gast bei General Konrad, dem Führer der Hochkaukasusfront. Der General zeigt dem Dichter die große Lagekarte und sagt, daß der Rückzug in Vorbereitung sei. Könnte man nun nicht denken, okay, das hat die Herrn aber gefreut, das Ende des Tunnels kündigt sich an, das erste Licht! Nichts davon!

(Die Klasse grölt.)

DER SCHÜLER Der General sagt, daß unsere Kräfte verpufft worden seien von Leuten, die sich auf alles andere verstünden als auf die Kriegsführung. Clausewitz würde sich im Grabe umdrehen. Man könne zwar den Kaukasus, Ägypten, Leningrad und Stalingrad angreifen, doch nicht zu gleicher Zeit, sagt der General. Der Dichter sagt – nichts.

LEHRER *(brüllt, flüstert, tobt)* Thema, wo ist das Thema. Das Thema bitte!

DER SCHÜLER Trotzdem muß auch Dichter Jünger Abschied nehmen vom Kaukasus; für seinen Geschmack viel zu schnell. In sein Tagebuch schreibt er am 5. Januar 1943: Wer weiß, wann wieder das Auge eines Deutschen auf diesen Wäldern ruht. Ihn wurmt: in Tagen werden Positionen aufgegeben, deren Erringung mehr Blut und Mühe kostete, als je ein Hirn ermißt. Infolge der Überstürzung wird viel zurückbleiben. Der Oberst hat Befehl, die Munition zu sprengen und die Vorräte zu vernichten; auch werden die Kreuze von den Gräbern genommen und deren Spuren verwischt.

(Die Klasse ist jetzt still; der Lehrer verzweifelt.)

DER SCHÜLER Am 7. Januar 1943 findet der Dichter im Stab die Stimmung gedrückter als bei der Truppe. Darüber denkt er wie folgt nach: Das liegt wohl daran, daß man hier die Lage überblickt. Die Kessel treiben einen Gemütszustand hervor, eine Erstarrung, wie sie der Annäherung an den absoluten Nullpunkt entspricht. Woran liegt das, fragt der Dichter und schreibt: Das kann nicht an den Tatsachen liegen, wie scheußlich die Aussicht ist, in Frost und Schnee, inmitten zusammengedrückter Massen von Leichen und Sterbenden unterzugehen. Es handelt sich vielmehr um die Stimmung von Menschen, die glauben, daß die Vernichtung vollkommen ist. Genügt dem Dichter – endlich – diese Einsicht, will er Änderung, Friede gar? Bestimmt nicht! Da der Rückzug des Dichters schneller geht als der der deutschen Truppen, ist er bereits am 9. Januar 1943 wieder in Kiew. Dort teilt er das Zimmer mit einem Offizier, der soeben aus dem Stalingrader Kessel ausgeflogen wurde. Wie verläßt man den Kessel?

LEHRER *(brüllt, flüstert, tobt)* Thema, wo ist das Thema. Das Thema bitte!

DER SCHÜLER Beim deutschen Dichter geätzt, mit Narben – und *(zum Lehrer)* so steht es da –, vielleicht mit Stigmen künftiger Herrlichkeit.

LEHRER Setzen Sie sich, hinsetzen, Maul halten. Still!!

DER SCHÜLER Am 13. Februar 43 vermerkt der Dichter, in die Heimat zurückgekehrt: Es gibt Raubtiere mit den Allüren und dem Charakter von Pflanzenfressern, wie die Wale, die ihre Beute abweiden. Selbstbildnis des Dichters? Um mit den Worten des Dichters zu sprechen: Mir scheint, es gibt eine alles abweidende Symbiose zwischen Kriegstreibern, Kriegsführern und Kriegsverherrlichern. Nur der friedlich aussterbende Wal paßt nicht in dieses Mörderhaus.

LEHRER Setzen! Ende! Aufhören!

DER SCHÜLER Alle Zitate, das möchte ich noch sagen, habe ich nicht mühevoll gesucht, sondern mühelos gefunden. Ich nenne Herrn Kohl und Herrn Jünger Geisterfahrer der deutschen Geschichte. Ein deutscher Bundeskanzler, der an einem 20. Juli so einen deutschen Dichter besucht, hat entweder kein Hirn oder keinen Anstand. Herr Bundeskanzler, Sie dürfen wählen.

(Die Klasse grölt, jubelt, tobt.)

LEHRER *(langsam, hilflos)* Also Sie sind doch ein ein ein kommunistischer Demagoge – ein ein – so was gibts doch gar nicht mehr seit der Wende – also Sie passen doch gar nicht in die neuen Bundesländer, in die neue deutsche Landschaft. Sie gehören doch –

DER SCHÜLER – der Gestapo übergeben?

LEHRER *(schreit)* Setzen!

Frontwechsel

Im Zimmer des Sohnes, die Eltern haben etwas gefunden. Der Vater hat es in der Hand und läßt es nicht mehr aus. Die Mutter starrt weinend auf ihr »Kind«.

SOHN *(außer sich, aufgebracht, neurotisch)* Sinn? *(lacht)* S-I-N-N – mit zwei en oder mit einem en – wie schreibt man Rhythmus, wie schreibt man Kapitalismus, *(leiser)* wie schreibt man Deutschland? Der Sinn bin ich. *(Schreit es heraus)* Ich bin der Sinn. Strampeln, wichsen, salutieren, krepieren. Sinn: S-I-N-N! Mannomann. Ich bin ich, wer bist du? Bist du du? Wo hast du deinen Sinn, du kleines blödes SPD-Arsch, der Willy Brandt, bevor er verreckt ist, einmal die Hand hat schütteln dürfen, weil er dich mit wem andern verwechselt hat. *(Schnell)* Zeig mir deinen Sinn, gib ihn mir, ich will ihn haben. Muß ich nachhelfen? Soll ich dir die Ohren langziehen? Leg den Sinn sofort auf das Pult, oder du kriegst zwei Stunden Arrest, da schreibst du tausendmal: Der Sinn bin ich, ich bin der Sinn, in meinem

Kopf ist gar nichts drin, das bringt den andern viel Gewinn, und bin ich einmal hin, war das mein ganzer Sinn. *(Gibt dem Vater eine Ohrfeige)* Na wirds bald? *(Kleine Pause, der Vater reagiert nicht.)* Verstockt, Ihr Kind, können Sie aber nicht viel Staat machen mit dem – lahmes Entchen, Ihr Küken. Rauschkind, Nachkriegsschutt, Vaters letzter Tropfen. Schau mich an, Bub: Nimm die Brille ab, wenn ein Erwachsener mit dir redet. *(Nimmt dem Vater die Brille ab)* Ausgezeichnet, jetzt wollen wir doch mal sehen, wie die Schweinsäuglein mit dem grauen Star fertigwerden. *(Macht verschiedene Bewegungen)* Brav brav brav, die Reflexe hat er noch. Hat er sonst noch was? Nix? Viel ist das nicht, wenn man bedenkt – ja was haben wir denn da? Messer, Gabel, Schere, Licht ist für kleine Sozis nicht. Dudududu! *(Plötzlich schnell)* Schieß doch! *(Locker)* Gib mir ne Arbeit, gib mir ne Lehrstelle, gib mir ein Leben, und behalt deinen Sinn. Behalt deinen Scheißsinn. *(Schnell)* Gib mirn Geld, gib mir Kinokarten, gib mir ne neue Jeans, Turnschuhe, ein CD-Player, gib mir ein Auto oder ne Honda, gib mir ne Suzuki, gib mir ne BMW. Na los, gibs mir. Gib mir deinen Arbeitsplatz, du machst doch schon 25 Jahre was, ich hab noch nie – mach Job-sharing mit mir. Ich bin 16 – gib mir ein Leben. Bist du taub, ein kleiner Mongo? *(Schnell)* Erzähl mir nichts vom Frieden, erzähl mir was vom Krieg. Erzähl mir was Schönes, nix Abgeschlafftes. Gib mir fünf Riesen und behalt deinen Sinn. Sehr still das Kind! Für was hab ich meinen Qualli gemacht? – Hier ist der Qualli, her mit ner Arbeit, dallidalli. Is der falsche Ansprechpartner, nichwa? Der Herr kämpft nur noch mit seinem Gebiß. Auf dieses Angebot steh ich nicht, da hab ich keinen Bock drauf. Stolpe halten, Engholm Kopf ab, Scharping gähn, Oskar ran und wie deine SPD-Arschlöcher sonst noch alle heißen. Mich interessieren deutsche Männer und nicht heimatlose Scheißhaufen. *(Leiser, ehrlich)* Der Sinn heißt Deutschland, und sein Zweck bin ich. Beim Hitler hat das Leben einen Sinn gehabt, und seit ich bei der Wehrsportgruppe bin, hat mein Leben auch einen Sinn. Der Hitler hatte Ideen, Ideen hatte der! Für die hat sich zu sterben gelohnt. *(Leise)* Ich will lieber für ne Idee sterben als ohne Idee leben. *(Inbrünstig)* Unter der Führung Adolf Hitlers wächst die NSDAP von kleinen Anfängen zur führenden Bewegung des deutschen Volkes heran, im schärfsten Kampf gegen Weimar, den Versailler Zwangsvertrag und die kommunistische Gefahr. *(Kleine Pause.)*

Deutschland, das Reich. *(Kleine Pause.)* Nur einen Verräter liquidieren, und das Leben hat einen Sinn. *(Lächelt)* Ich liebe Hitler. Er war der größte Mensch, der jemals gelebt hat. Er hat seine Ideen durchgesetzt. *(Kleine Pause, wie überrascht)* Ich liebe Deutschland. Ich liebe das deutsche Volk. Ich bin ein Nazi. Seit ich ein Nazi bin, hab ich eine Achtung vor mir. Ich fühle meine Ehre. Ehre, für Sozis ein Fremdwort. Ich ehre mich durch Deutschland. Schieß doch endlich, du altes Sozialistenschwein, so was nutzt nur was, wenn man den Mut hat, daß man es benutzt. Mut, auch ein Fremdwort. *(Zu der Fahne)* Das Hakenkreuz, nur bei den Juden und Australiern unbekanntes Heilszeichen. Als Sonnenzeichen gedeutet, bei den Germanen bis ins Mittelalter verwendet. Der Nationalsozialismus verwendet es als Symbol seiner Verbundenheit mit dem germanisch nordischen Ahnengut des deutschen Volkes. Ein schwarzes Hakenkreuz in weißem Kreis auf rotem Grund – ein Mensch hat keinen Sinn, wenn er nicht weiß, wohin er gehört. Ich gehöre nach Deutschland, und mir gehört Deutschland. Ich gehöre nach dem Deutschen Reich. Ich bin stolz, ein Deutscher zu sein. *(Brüllt es raus)* Ich werd dir nicht nach. Du hast deinen Pimmel umsonst in die da reingesteckt. Du kannst nicht sagen: Ich fahr in die Grube, und mein Sohn macht weiter. Mit Verrat wird nicht weitergemacht. Mit Feigheit wird nicht weitergemacht. Mit Versöhnung wird nicht weitergemacht. Ein Drittel der deutschen Erde liegt unter polnischen Stiefeln. Damit finden wir uns nicht ab. Die Wiedervereinigung ist nicht das Ende, sondern der Anfang. Du bist nicht wert, ein Deutscher zu sein. Meine Lehrstelle ist Deutschland, meine Lernstelle ist das Deutsche Reich. Glauben heißt überzeugt sein. Schieß doch endlich, du altes Verräterschwein, schieß, Sozi, so was nutzt nur, wenn man Mut hat, schieß schon, drück ab, du Arschloch, schau, ich zeig dir, wie man das macht, ich zeigs dir ja bloß, Sozisau, Kommunistenschleimer, nicht reden, sondern handeln, Jude, Saujude, Judensau. *(Der Vater schießt mehrmals auf ihn.)* Sau. Der schießt, jetzt schießt der, das verjudete Gesindel schießt, schieß noch mal, Jüdlein, laß es bellen. *(Der Vater schießt wieder.)*

VATER Wir sind keine Juden, du auch nicht.

SOHN Du bist kein Jude und kein Deutscher, du bist nichts. Gib mir die Pistole zurück, die gehört mir nicht, die hab ich ausgeliehen, die muß ich zurückgeben.

VATER *(brutalisiert, wild, zuckend)* Geh auf dein Zimmer, sonst
schieß ich noch mal. Ich schieß euch alle zusammen. Das gesamte Nazipack schieß ich über den Haufen. *(Die Mutter will
ihm die Waffe wegnehmen.)* Laß mich, sonst – er muß sich entschuldigen. Entschuldige dich, das ist das wenigste, was man
verlangen kann. *(Schreit)* Ich höre. *(Schießt wieder.)*

SOHN Entschuldigung.

VATER Deutlicher, das kann man nicht verstehen.

SOHN *(brüllt)* Entschuldigung.

VATER Ich bin kein Jude, und du bist kein Nazi, wiederhol das.

SOHN Ich bin kein Jude, und du bist kein Nazi.

VATER Deutlicher.

SOHN Ich bin kein Jude, und du bist kein Nazi.

VATER Die ks betonen!

SOHN Ich bin kein Jude, und du bist kein Nazi.

VATER Deutschland gehört uns allen.

SOHN Deutschland gehört uns allen.

VATER In deutscher Erde will ich ruhn.

SOHN In deutscher Erde.

VATER Steh auf.

SOHN *(kann nicht.)*

VATER *(zur Mutter)* Du bist mein Zeuge, dein Sohn tut nicht, was
man ihm sagt. *(Wild)* Die SPD liebt Deutschland mehr wie die
Nazis und die Kommunisten zusammen.

SOHN *(schweigt.)*

VATER Wiederhol das.

SOHN *(schweigt.)*

VATER *(leiser, drohend)* Wiederhol das! *(Kleine Pause, schießt,
brüllt)* Wiederholen.

SOHN *(schweigt.)*

VATER Auch mein Vater liebte Deutschland, auch mein Vater war
arbeitslos, auch mein Vater wählte Hitler. Du entkommst uns
nicht. Wann wurde Adolf Hitler geboren?

SOHN Am 20.4.1889.

VATER Stimmt.

SOHN Anfangs Zeichner und Maler, ging er 1912 von Wien nach
München und kämpfte mit Auszeichnung im deutschen Heere.

VATER Wann starb er?

SOHN Er starb nicht.

VATER Wann?

SOHN Er lebt.

VATER *(will wieder schießen, das Magazin ist leer.)*

SOHN *(still, verletzt)* Der Krieg ist vorbei.

VATER Der ist nicht vorbei, Hosenscheißer, *(zur Mutter)* bring mir mein Kleinkalibergewehr.

MUTTER Wo ist das?

VATER Unter meinem Bett, vergeßliche Urschel, wo denn sonst.

MUTTER *(rennt und kommt mit dem Gewehr zurück, Vater geht auf sie zu, will es ihr wegnehmen, aber sie schießt mehrmals auf ihn.)*

VATER Du sollst es mir geben, und ich schieß, das is meine Sach.

MUTTER *(schießt wieder.)*

VATER *(schreit)* Ich schieß, nicht du! Das is Männersache! *(Er erhält wieder einen Schuß, kippt um, es dauert, dann zum Sohn)* Bist du schon tot, Kamerad?

SOHN Nein.

VATER Ich auch nicht, Kamerad. Mir tut nix weh.

SOHN Mir auch nicht, Kamerad.

MUTTER *(verzweifelt)* Still sollts sein.

VATER Sie schießt schlecht, weils eine Frau ist.

SOHN *(versucht es herauszuschreien)* Deutschland braucht Tote, an jedem Toten wächst Deutschland.

MUTTER Still! *(sie zielt auf den Sohn)* Ihr sollts still sein.

SOHN *(schreit, würgt)* Am 30.1.33 wurde Adolf Hitler durch Hindenburg als Reichskanzler zur Macht berufen. Daraufhin führte er die Eroberung der Macht durch den NSDAP-Staat durch. *(Brüllt)* Heil Hitler!

MUTTER *(schießt mehrmals auf ihn)* Still, ihr sollts still sein.

VATER Sag ihr, daß mir keine Juden sind. *(Schreit)* Mir sind keine Judn.

SOHN *(brüllt)* Judntod ein End der Not.

VATER Judntot ein End der Not.

MUTTER *(schießt sie tot, hockt nieder vor den Toten, tonlos.)*

Nimm die Weiden,

Wenn du Kränze flichst,

Du mußt nicht so hoch greifen.

Nimm die Tränen,

Wenn du Edelsteine flichst,

Sie sind nicht so teuer.

Nimm die blonden Zöpfe,

Wenn du Schindel willst,

Weil die Dächer dicht sein müssen.

Nimm den Mündern ihre Zungen,
Wenn du Stille willst,
Töte deinen Mann,
Und töte deinen Sohn,
Wenn du Frieden willst.
(Kleine Pause.)
Ich hasse Männer.
Nicht?
Ich brauche Männer.
Nicht?
Ich liebe Männer?
Nicht.
Das Stück haben Männer gemacht.
Auch diese Rolle haben Männer ausgedacht.
Ich bin ein Männermund.
Ich will kein
Männermund mehr sein.
Männermünder sind Bombentrichter.
Tötet eure Söhne.
Tötet eure Männer.
(Sie versucht sich zu erschießen.)
Wir haben nicht gelebt.
Wir haben unsern Willen nicht bekundet.
Wir waren nichts.
(Versucht wieder, sich zu erschießen, keine Patrone mehr.)
Ich habe keine Patrone mehr für mich – es ist nur Spiel – geht
schon, geht.
*(Die Männer erheben sich, als wäre ihnen nie etwas passiert;
sie grinsen verlegen.)*
MUTTER Ich habe euch geboren,
Ich habe euch genährt.
An der linken Brust
Waren es Germanen,
An der rechten Brust
Semiten,
Die ich gestillt habe.
Ich bin der Brunnen,
Den man nie fragte.
Ich verweigere das Wasser.
Ab heute.
Ab heute.

(Sie wirft das Gewehr weg, starrt auf die Männer, die sie ausla-chen, will abgehen, bleibt stehen.)
MUTTER *(wild)*

Warum sterbt ihr nicht, ihr Toten?
Warum sind unsere Leichen, die wir gebären,
Nicht tot und in Zinksärgen gut verschlossen,
Wenn sie das Licht der Welt erblicken.
Zink ist ein Material, das Frauen brauchen.
Ich liebe Zink. Zink rahmt Menschen ein.
Männliche Menschen.

Franz Xaver Kroetz hat dieses Stück in Versalien geschrieben. Der besseren Lesbarkeit willen wurde auf deren Wiedergabe verzichtet, aber statt der üblichen Antiqua eine Groteskschrift verwendet.

Ich bin das Volk
Volkstümliche Szenen aus dem neuen Deutschland.
Entstanden 1993.
In: *Theater heute.* 1994. Heft 10. S. 44-51.
In: *Drucksache 13/14.* Berlin (Berliner Ensemble) 1995.
Uraufführung: Wuppertaler Bühnen, 24. 9. 1994. Darsteller: Andrea Witt, Thomas Gimbel, Christine Sohn, Franz Trager, Rena Liebenow, Hans-Christian Seeger, Rainer Krause, Corne-lius Schwalm, Bernd Kuschmann u. a. Regie: Holk Freytag.

Bauerntheater

Komödie

Dein Augenlicht für meinen Fehler

Personen

FRANZ SCHRITT, der Dichter selbst
MARIA SCHRITT, seine Mutter
LORENZ, der Freund
DAMIAN, nennt sich Garfunkel Wunderlich, älterer Sohn des
Dichters
KORBI, der kleine Sohn des Dichters (von Korbinian)
RENI, die vergangene Ehefrau des Dichters
FRAU HABERL, Nachbarin
MELANIE, Tochter von Frau Haberl, Meli gerufen
JULE, das Baby von Frau Haberl

Andere Personen, fruchtbar und furchtbar

Anmerkung

Der Dialog wird nicht zelebriert, sondern ruiniert. Alle Figuren sind ich-verrückt, total hysterisch.

Alle sprechen durcheinander, ineinander, selten miteinander, wie im Leben auch, bloß auf dem Theater warten die Leut immer, bis der andere ausgeredet hat. Hier fällt jeder jedem inbrünstig ins Stich-Wort. Es gibt einiges an Unverständlichem, wie im Leben auch, nur auf dem Theater usw.

Keiner hat viel zu sagen, aber das wenige, was sie meinen, wiederholen sie so oft, bis ein Thema daraus entsteht, das sich durch die Variationen verrät: unüberhörbar, primitiv und nah.

Die Figuren fühlen keine unmittelbare Verantwortung für das, was sie sagen, wie im Leben auch. Da lobt einer im wirklichen Leben die Waffen-SS über den grünen Klee und ist ansonsten kein Nazi, und der andere benimmt sich immer wie einer von Greenpeace, bloß wenn man genauer hinhört, ist der der Obernazi.

Und natürlich haben alle immer Angst, nach dem Motto: Wer schweigt, geht unter.

Nur manchmal — wie ein Rohrbruch — Stille, ohne Zusammenhang und Sinn. Sie starren sich an, als sei der Atomkrieg ausgebrochen. Das Wahnsinnige sagen sie selbstverständlich und das Selbstverständliche wahnsinnig.

Es geht um Situationen, nicht um Inhalte, um Farben, nicht um Linien.

Sehr schnelles Stück.

Da kleine Kinder in diesem Stück große Rollen spielen, kann man es kaum aufführen. Sonst müßte man die Kinder mit Erwachsenen besetzen, und das würde den Realismus antinaturalistisch machen. Aber wer kann das schon bei uns?

Erster Akt

Eine Altbauwohnung, Kern die Küche. Eckbank vielleicht, Klo-
tür, Besenkammerl, Wohnungstür, Gang mit Kühltruhe und
Trimm-Dich-Fahrrad, andere Zimmer bespielbar. Zeit ist das
späte Frühstück. Es war eine lange Nacht (für den Dichter). Die
Mutter ist alt und bärtig. Der Dichter hat eine Hirschlederbund-
hose an und lehnt an einem Stehpult. Es ist Weihnachten, und die
Grippewelle hat ihr Opfer gefunden. Gellende Kinderschreie aus
der Nachbarwohnung

DICHTER *(vehement im Fluß ...)* Das heißt also, weißt Mutti,
eine Störung der Ästhetik kann jederzeit hingenommen
werden, eine Verletzung des Ästhetischen, jederzeit, wenn
(Er niest kräftig.) —

MUTTER Helf Gott!

DICHTER Danke, wenn auf deran, der, wenn auf der andern
Seite die soziale Aussage so stark ist, ein solches Eigenge-
wicht hat, *(lauter)* so ein revolutionäres Gewicht hat —

MUTTER Ob die Eier fertig sind?

DICHTER Nein.

MUTTER Ich mag sie nicht so hart, da ist mir das Frühstück
schon gleich verdorben und der ganze Scheißtag dazu.
(Markerschütterndes Kindergeplärr) Und die jüdische Nach-
barsau laßt wieder ihre Kinder verhungern. Neue Nachbarn,
Hosianna!

DICHTER *(schaut sie verzweifelt an)* Verstehst du, was ich sagen will?

MUTTER Es ist sehr interessant, Franzl, ich will nur nicht, daß
mein Ei hart wird.

DICHTER *(intensiv)* Aber es muß doch möglich sein, daß man
mit einer gewissen Robustheit sagt: okay!

MUTTER Das wär schön, wenn man von meiner Gesundheit
noch sagen könnt, sie habe eine gewisse Robustheit! Vorbei
du schöner Frühling, leck mich Amigo!

DICHTER *(laut)* Kunst will bewegen, ich will etwas vorwärts
treiben.

MUTTER In mir rumort es, da ist ein Furz, der will heraus!

DICHTER *(unbeirrt)* — treiben! *(Emphatisch)* Man müßte von

Bluthunden gejagt sein, und dann mit letzter verzweifelter Kraft am Schreibtisch: schreiben.

MUTTER Gleich!

DICHTER *(eigensinnig)* Vorwärts, galopp!

MUTTER *(angespannt heiter)* Du wirst sehen, gleich ist er da, ich hab ihn schon auf der Pfanne.

DICHTER *(eher abschließend)* Es gelingt mir nicht, irgend etwas vorwärts zu treiben, ohne daß ich den ästhetischen Rahmen spreng —

MUTTER *(furzt gewaltig)* Hat ihn schon, da ist er, dem lieben Herrgott sei Dank! Krämpfe sind das schlimmste, Furzkrämpfe, Burschi, bei die Babies und die alten Leut, so schließt sich der Kreis. Der liebe Heiland weiß immer, was er sich denkt.

DICHTER *(niest.)*

MUTTER Helf Gott! Wenn du nicht so verkühlt wärst, tät ich das Fenster ein bißl aufmachen, aber wenn ich in der Früh nicht furzen kann, dann scheiß ich schon auf den ganzen Scheißtag. *(Kleine Pause, Lärm von nebenan ...)* Und die laßt ihre Kinder verrecken, die neue Nachbarin. Du weißt schon, was ich mein, mein lieber Bub, gell, mir zwei verstehen uns, daß deine Weiber vor Neid ganz ranzig werden.

DICHTER *(starrt die Mutter verbittert an)* Wenn ich ihn aber spreng, *(laut)* verletz, diesen ästhetischen Rahmen, ja dann tu ich das doch nicht einfach so — *(bricht ab, starrt die Mutter verzweifelt an.)*

MUTTER Warum quälst du dich, armer Bub, wo doch heut Weihnachten ist.

DICHTER Ich schreib jeden Vormittag wie der Dings, der Thomas Mann auch. Basta.

MUTTER Mit der Verzweiflung kommen mir überhaupts nicht weiter.

DICHTER *(ernst, neu)* Ohne einen Grund wird doch niemand zum Blutrauschdingsbums.

MUTTER *(unbeirrt)* Mein lieber, guter Bub. Du machst es schon richtig.

KORBI *(kommt kinderschlafanzüglich)* Ist mein Kaba fertig?

DICHTER Guten Morgen sagt man.

MUTTER *(sagt es ihm vor)* Guten Morgen, liebe Oma.

KORBI *(schaut und schweigt.)*

DICHTER Geh Zähn putzen, bevor wir weiter reden.

KORBI Faschist. *(Und ab ins Bad, der Dichter starrt ihm nach.)*

DICHTER Immer wieder vergeß ich es, daß ich Kinder hab.

MUTTER Du bist die beste Mutter und Vater, wo man sich vorstellen kann. Die paar Frühstücksminuten, wo ich endlich einmal ein paar Worte allein mit meinem berühmten Sohn reden kann, die werden mir wohl noch vergönnt sein.

DICHTER Genau. *(Kleine Pause.)* Man muß es sich einfach ganz bewußt machen und eiskalt sagen: der Verlust von ein bißl Poesie zugunsten einer total revolutionären Aussage, *(laut, fast hysterisch)* ja, der kann doch hingenommen werden, kruzefix.

MUTTER Das ist schön, daß dir immer so viel einfällt. Das hätt ich mir einmal nie gedacht, daß dir immer wieder was einfällt. Weil einmal fallt ja jedem Arschloch was ein, aber immer wieder, du lieber Heiland! *(Schaut zum Herd)* Jetzt sind die Eier fertig, ich nimm sie heraus, sonst ist mir der ganze Scheißtag sowieso schon wieder verdorben. *(Lärm von nebenan)* Ganz abgesehen davon, daß man die Polizei holen sollt.

DICHTER *(schaut sie verzweifelt an und niest.)*

MUTTER Helf Gott, zieh dir was an, sonst verkühlst du dich immer mehr.

DICHTER Und wenn ich die revolutionäre Aussage –

MUTTER *(niest auch.)*

DICHTER Helf Gott!

MUTTER Ich muß dir alles nachmachen, gell. Danke. *(Köpft das Ei)* Meines ist genau richtig, dank dir lieber Gott, weil sonst ist mir dieser Scheißtag eh schon wieder verdorben. *(Zur Wand)* Jetzt is es still, oh Gott, die armen Kinder!

DICHTER *(fest)* Ohne eine Aussage, die wo, zum bei, beim, Bauerntheater zum Beispiel. *(Schnauft, bei »Bauerntheater« kriegt er immer einen Atemschock.)*

MUTTER *(resolut)* Damit hast du aber viel Geld verdient – *(erregter)* sag mir nix Schlechtes über das moderne Bauerntheater, mein guter Bub, und sei nicht undankbar, damit uns der liebe Heiland nicht straft.

DICHTER Jajaja, *wenn* – wenn es von innen, wenn es kommt, dann –

MUTTER *(fest in Treue)* Was von innen kommt, ist immer gut.

DICHTER *(total sauer)* Kommt es aber doch nicht, kommt es doch nicht.

MUTTER Warum nicht? Bei mir kommt alles von innen, von Herzen sozusagen, wie man sagt. Ich wär jede Wette eingegangen, daß mein Ei zu hart ist, daß dieses Scheißeiner, Scheiß-Eier wollt ich jetzt sagen und Scheißeiner hab ich gsagt *(lacht herzlich)*. Das Hirn ist schon noch in Ordnung bei deiner guten Mutti, aber das Gebiß, das kommt nimmer mit mit die Befehle, die es vom Betriebssystem *(langt sich an den Kopf)* kriegt. *(Lacht tief und herzlich)* Ich brauchert ein neues Laufwerk.

DICHTER *(niest.)*

MUTTER Jetz kannst wieder einmal aufhören, des wird ja langweilig. Helf Gott.

DICHTER Danke.

MUTTER *(sehnsüchtig zum Herd schauend)* Dieser Scheißkaffe braucht jeden Tag länger, bis er durchgelaufen ist, da kann man ja Krämpfe kriegen, wenn man da zuschauen muß, wie lang der braucht. *(Kleine Pause.)* Krämpfe, Franzl, sind das Schlimmste im Alter. In der Nacht stellen sich meine Zechen soooo auf *(macht es vor)*, und sie gehen mir nicht mehr in die normale Lage zurück. Meine Zechen sind noch mein Untergang. Ich brauch jemand, der sie mir massiert. *(Schaut den Dichter herausfordernd an.)*

DICHTER Massieren ist immer gut. *(Unsicher unruhig)* Aber wenn es bloß draufgepappt is, das Dingsbums, weil die revolutionäre Wut bloß Ostereier produziert, ja Himmel noch mal, dann laß ich doch die Finger davon: Dann bleib ich beim *Bauerntheater*, und wenn es mich umbringt. *(Kleine Pause.)* Oder nicht?

MUTTER Das *Bauerntheater* hat noch niemanden umgebracht, das kann ich jederzeit vor meinem lieben Heiland bezeugen.

DICHTER *(schaut.)*

MUTTER Du machst das schon richtig, laß dir nicht dreinreden.

DICHTER *(kindisch verbissen)* Ich will es mir aber nicht einfach machen, sondern schwer.

MUTTER Das tät mir noch fehlen, daß du es dir noch schwerer machst. *(Laut, unerbittlich)* Du ruinierst deine Gesundheit wegen dem modernen Bauerntheater, und schreibst sogar an Weihnachten, das kann ich jederzeit vor meinem lieben Heiland beschwören. *(Zum Himmel, heiter)* Gell, mein Guter, wir zwei verstehn uns.

DICHTER *(starrt auch zum Himmel)* Aber die Frage muß doch

erlaubt sein, vor allem wenn die wenn der – wo isn der Korbi so lang? Der is bestimmt *(unverständlicher Text)* Korbinian!

KORBI *(kommt)* Nicht einmal scheißen kann man in Ruhe. Wo is mein Kaba?

MUTTER Soll ich dir einen Kaba machen.

KORBI Nein, du nicht.

MUTTER Aber ich bin doch deine liebe Oma.

KORBI Und ich der böse Wolf. *(Ab.)*

DICHTER Und das an Weihnachten!

MUTTER *(mit neuem Schwung)* Bin eh froh, wenn ich ein paar ruhige Augenblicke allein hab mit meinem geliebten Sohn für intelligente Gespräche.

DICHTER *(zu sich, fest)* Die Zeit muß man mir einfach lassen, daß ich mich frag: Sehe ich die soziale Frage nicht so deutlich am Horizont wie *andere*? Sind mir die sozialen Gegensätze nicht Kunstanlaß, *(laut, ehrlich, bitter)* obwohl sie natürlich existieren, da brauchen mir uns doch gar nix vormachen, verdammt noch mal.

MUTTER *(überzeugt)* Du schreibst, was dir einfällt, da denkst du doch nicht drüber nach, das ist doch deine Stärke, Bub. Lieber! Mein ein und alles, ich danke dir, lieber Gott, daß du ihn mir geschenkt hast, meinen eingeborenen Sohn. *(Mit Blick zum Herd)* Der Kaffee macht mich narrisch.

DICHTER Gibt es eine Form der Einsamkeit, die auch in der größten Not die soziale Frage in den Hintergrund treten läßt –

MUTTER Baudelaire.

DICHTER *(emphatisch)* Hab ich ein Recht dazu?

MUTTER Und das an Weihnachten. Ich glaub, jetzt hör ich ihn! *(Das typische Geräusch italienischer Espresso-Maschindeln)* Jetzt kommt er, da ist er, Gott sei Dank.

DICHTER Ist meine Einsamkeit –

MUTTER Solang du mich hast, Franzl, bist du nicht einsam, sag das nicht, sonst brichst du einer alten Frau das Herz. Der Kaffee ist nicht schlecht, es ist nicht der beste, den du in deinem Leben gemacht hast, aber schlecht ist er nicht.

DICHTER Wann ist der Punkt erreicht, wo die private Tragödie des Dichters eine solche Unerträglichkeit bekommt, daß er zur Welt gewandt sagt: Ich kann nicht mehr, ich muß jetzt von mir schreiben. Ich muß, sonst ersticke ich, und wenn jede Minute zehn Kinder verhungern. Ich brauche mich. *(Schnauft, nickt, schweigt.)*

MUTTER Vielleicht leben die Toten besser wie mir! Gib mir den Butter her.

DICHTER *(tut es.)*

MUTTER Danke.

DICHTER Meine Krebsangst! Genau.

MUTTER Nicht beim Frühstück, Franzl, das schlagt auf den Magen, dann ist mir der ganze Scheißtag von vornherein schon wieder verdorben. Außerdem sind mir keine krebsige Familie wie die da drüben. *(Deutet dorthin, wo der Lärm herkommt.)*

DICHTER Ist meine Todesangst nur ein Vorwand, um mich aus der sozialen Verantwortung der Wirklichkeit wegzuschleichen, oder –

MUTTER *(zufrieden)* Der Toaster ist das einzige, auf was Verlaß ist. Der ist uralt, aber er funktioniert. *(Beißt genußvoll.)*

DICHTER *(ehrlich)* Todesangst gleich Todessehnsucht, Attitüde oder Wahrheit?

MUTTER Beides, Franzl, beides. Der liebe Gott hat uns alle an einem dünnen Faden, und manchmal reißt er ein bißl, damit mir das nicht vergessen. *(Zum Himmel)* Gell, mir zwei, mir verstehen uns. Iß einen Toast, du hast einen leeren Magen.

DICHTER Hab ich das Recht, mein Talent auf meine privaten Befindlichkeiten hinzulenken, oder verschleudere ich *alles*?

MUTTER Schenk mir noch einen Kaffee nach.

KORBI *(kommt und schreit)* Kaba!

MUTTER Komm zu deiner Oma, du Hascherl, du armes, komm, komm, komm!

KORBI *(klettert bei der Oma auf den Schoß)* Wenn ich in fünf Minuten meinen Kaba nicht hab, begeh ich Selbstmord.

DICHTER Faschist. *(Macht Kaba)* Kloana Saubua, hast gut gschlafn.

MUTTER Bei der Oma vergehen die schlechten Träume.

KORBI Wenn du ned bald stirbst, verlier ich sowieso das Vertrauen in die Natur.

MUTTER Wenn ich erst unter der Erdn lieg, tut es dir leid.

KORBI Abwarten und Kaba trinken. *(Schreit)* Kaba, Kaba, Kaba.

DICHTER *(zu sich und zum Herd)* Hab ich nicht die dichterische Kraft, daß ich Revolution, Kinder und Leben zusammenbring? Auf dem Papier. Denn das ist doch der Anlaß.

KORBI Das Papier?

DICHTER Halts Maul, Arschloch, sonst setz ich dir die heiße Milch auf den Schädel. Da is dein Kaba, sag, danke Papa.

MUTTER Danke, Papa.

KORBI Erst prüfen, dann danken. *(Säuft.)*

MUTTER Laß den Papa, wo er sogar an Weihnachten dichtet, damit mir was zu essen haben.

DICHTER Verweigere ich mich der Wirklichkeit, weil ich instinktiv weiß, daß ich hoffnungslos unterlegen bin.

KORBI Nur wer sich von der Wirklichkeit fressen läßt, kommt in ihr vor, *(verächtlich)* Dichterlein.

DICHTER *(leise, fast träumerisch)* Du Drecksau, du eingeborene.

MUTTER *(schnuppert)* Hast du jetzt einen fahren lassen oder der Korbi.

DICHTER Entschuldigung.

KORBI Sau.

MUTTER *(schnüffelt)* Der ist nicht von schlechte Eltern, die meinen sind laut, aber ungefährlich.

DICHTER Schon das Thema Kunst: ist es vorstellbar ohne die soziale Frage, also im Bauerntheater?

MUTTER Aber das Soziale in der Kunst is doch ein Scheißdreck, Franzl, wenn es in der Luft hängt.

DICHTER *(zerknirscht)* Mir fehlt natürlich das Soziale im Bauerntheater.

MUTTER Du machst das schon richtig!

DICHTER Und wo bleibt die Einwirkung auf die Wirklichkeit, bei der Kunst im *Bauerntheater,* wo doch *(erst laut, dann leiser)* die Kunst stärker ist wie *(kleine Pause)* eine Atombombe.

KORBI Stark ist nur die Anarchie. *(Schüttet den Kaba aus.)*

MUTTER Dummerl, dumms – mei iser nett!

DICHTER Das Bauerntheater is doch keine Kunst, des kann doch jeder Depp, *(Charmant)* Gebt mir die Kunst, ich verzichte aufs Leben.

MUTTER Mal den Teufl nicht an die Wand, mein lieber Bub, für die Kunst ham mir keine Begabung, die ganze Familie nicht, seit ich zurückdenken kann. Der einzige Künstler, den Bayern je hervorgebracht hat, is in meine Augn der Karl Valentin, und der is immerhin nachm Krieg verhungert. So ernst hat der die Kunst genommen. Heut sitzns am Starnberger See und varegga dans aa ned.

DICHTER Warum ich dauernd an die blöde Kunst denk?

MUTTER Mein lieber Bub, das *Bauerntheater* ist doch das höchste an Kunst, was man erreichen kann.

DICHTER Aber –

(Alle durcheinander, begeistert.)

MUTTER *(hart)* Die Kunst is immer bloß die Kunst, aber das *Bauerntheater* is wie das Lebn.

DICHTER *(schreit)* Verhält sich zum Leben das *Bauerntheater* wie die Wirklichkeit zur Wahrscheinlichkeit?

KORBI Kunst ist Lüge, wahr ist nur die Gewalt.

MUTTER *(drauf)* Gewalt ist Bauerntheater, Arschloch liabs, und Kunst is a Schaß.

DICHTER Verhält sich die Gewalt zur Kunst wie das Leben zum Bauerntheater.

MUTTER Du meinst, die Wirklichkeit *(unverständlicher Text).*

KORBI *(schreit)* Kunst ist Anpassung! Ha! *(Schüttet wieder Kaba aus.)*

DICHTER *(aus ehrlicher Tiefe)* Ich hasse die Kunst!

KORBI Ja, weilst zu blöd bist, daßd eine produzierst.

DICHTER *(wütend)* Wenn ich eine Kunst produzieren tät und mein Talent nicht auf dem Subaltar des Bauerntheaters opfern tät, nachat, nachat tätst du nicht so gut leben, wie du lebst, du Schwein, du eingeborenes.

KORBI Anarchie ist geil!

DICHTER Ich mags ned, die Terroristen, weils kein Herz habn.

MUTTER Na ja, du bist eben ein Waschlappn, mein lieber Bub, gell, was das Politische anlangt.

KORBI Soll ich ihm den Kaba in die Fresse schüttn?

DICHTER Und das an Weihnachten!

KORBI Heil Hitlerle!

MUTTER Der war auch ein Revolutionär, kloans Scheißerle, liabs. *(Entschuldigend)* Und die Juden, die mag ich nicht, leider.

DICHTER *(flehend)* 6 Millionen tote Juden!

KORBI *(äfft)* Und das an Weihnachten! *(Greift der Oma ihr Kipferl.)*

MUTTER *(schnell)* Wie viele tapfere deutsche Soldaten san denn gfallen, ha? Wer spricht von dene? Ha? Ich bin halt eine unverbesserliche Deutsche, Gott sei Dank! *(Empört zu Korbi)* Jetzt frißt mir der schon wieder mein geliebtes Mohnkipferl weg, Schweindl, damisches! *(Kleine Pause.)* Wo sind mir stehn geblieben, ach ja, die Araber haben halt schon immer meine Sympathie ghabt, die großen Freunde Deutschlands.

DICHTER Und das an Weihnachten! 6 Millionen!

MUTTER Lüge! Des warn keine 6 Millionen, und wenn ich schau, was die in Palästina machen mit die Araber, sag ich: zu wenig!

DICHTER *(perplex)* Spinnst du?

KORBI *(äfft)* Und das an Weihnachten.

DICHTER *(leise)* Ich bin ein Opfer des *Bauerntheaters*, das sag ich doch immer.

(Es klingelt.)

MUTTER Mach auf und sitz nicht auf die Ohren.

DICHTER *(geht zur Wohnungstür und öffnet.)*

LORENZ *(kurzatmig, übernächtigt, dick)* Hast du vielleicht irgend ein Fleckerl frei, wo sich ein blödes Schaf hinlegen darf?

DICHTER Komm rein und sei still, meine Mutter ist da.

LORENZ Bloß irgend ein trockenes Platzerl, eine Matratzn, wo keiner durchgepißt hat, sondern wo sauber ist, bitte!

DICHTER Spinnst du, meine Matratzn sind alle trocken.

LORENZ Meine nicht. Ich kann es nicht halten zur Zeit. Ich hab alles durchgepißt, was matratzenähnlich ist in meinem Appartement. Es gibt keinen trockenen Winkel mehr außer dem Herrgottswinkel.

MUTTER *(zart und interessiert)* Warum machen wir denn immer ins Bett, Herr –?

LORENZ Bisinger, Lorenz

(Rezitiert) Er näßt, er näßt, durchtränkt sein Bett mit heißer Beschwerde. So warm, so feucht. Er taumelt auf in Schmach und Schande, das warme Naß ist schnell erkaltet. Die Nässe friert, er liegt auf gelbem Eis, und draußen taumeln fröhlich Flocken durch die Nacht. *(Nickt)* Winterzeit! Das gibt ihm Ruh, am Fenster stehn, noch andere sehn. Sie macht ihn wach und schwach, die weiß verschneite Erde. So ist erst klein, dann groß sein Sehnen, er geht zurück ins Eisesbett und näßt es jetzt mit heißen Tränen.

MUTTER Wenns Gedichteln schreiben, deshalb brauchens doch ned ins Bett machen.

DICHTER Und das an Weihnachten!

MUTTER Laß den armen Menschen ungestört seine Beichte ablegen.

LORENZ *(groß)* Aber jetzt hab ich zum lieben Gott gesagt: Wenn ich noch einmal ins Betti mach, dann bring ich mich um.

MUTTER *(nickt liebevoll)* Geh Dummerl, umbringen tut man sich wegen untererfüllter Liebe! Hosianna!

LORENZ Ich schwöre es, wenn ich Pipi mach, bring ich mich um. *(Es klingelt.)*

MUTTER Mach auf, mein guter Bub, da ist bestimmt wieder jemand, der mir einen schönen Tag mit meinem eingeborenen Sohn versauen will.

DICHTER *(öffnet.)*

FRAU HABERL *(stürzt verzweifelt herein)* Hört mich denn niemand?

MUTTER *(grimmig)* Doch, Frau Nachbarin.

FRAU HABERL Was soll ich denn noch machen? Die Kinder schrein den ganzen Tag, und ich mach kein Auge zu. Seit einer Woch gib ich ihnen nur noch Sacharin-gesüßten Kartoffelbrei, aber glauben Sie, daß das Scheißjugendamt es für nötig finden würde, daß die endlich einmal vorbeischauen und mir die Kinder für ein paar Monat von Amts wegen wegnehmen. Ja, was muß denn noch alles passieren? Ich kann meine Kinder doch nicht umbringen! *(Schreit)* Ich brauch ein paar Monat Indien. Ja hört mich denn niemand? Jeder Dreckhaufen darf doch eine Uniform anziehen, wir sind durchraßt von Nazis und Idioten, das deutsche Volk is doch der reine Hammer, bloß mich, mich hört niemand

LORENZ *(verlegen)* Wir sind vielleicht nicht mehr das Volk der Dichter und Denker, aber doch der Wichser und Henker.

FRAU HABERL Rufens die Polizei, hams doch ein Herz, sagens, daß Sie es nicht mehr mitanhören können. *(Fällt erschöpft auf einen Küchenstuhl.)*

KORBI *(durch den Lärm angelockt)* Was hat die Tante?

DICHTER Nix.

KORBI Doch, du Scheißhaufen, doch, die Tante ist mit den Nerven fertig, weil sie ihre Kinder nicht bändigen kann. Soll ich hinübergehen mit meinem Tomahawk und sie zu Brei schlagen?

FRAU HABERL *(wegen des Vortrags etwas verunsichert)* Ihnen hat man die Kinder noch nie weggenommen.

MUTTER *(eher zu Lorenz gewandt)* Sind Sie überhaupt zufällig eine Deutsche, Frau Nachbarin?

FRAU HABERL *(starrt sie an)* Wenn ich wenigstens so ein hirnamputierter verfluchter Scheißhaufen aus der Ostzone wär, dann tätens Hosianna schreien, Hosianna, daß ich da bin, aber so, bringts mir den Kopf vom Kohl, oder nein, den vom Blüm, oder noch besser von dem Memminger Richterschwein, das wo den menschlichsten Frauenarzt aller Zeiten –

MUTTER *(schreit drüber)* – einen Massenabtreiber, der wo sich am deutschen Blut vergriffen hat. Und ein sehr vernünftiger Richter hat aus einer guten deutschen Tradition heraus ein sehr mildes Urteil gefällt *(laut)*, damit mir ned ganz aussterbn und bloß noch die levantinischn Hurn gebären! *(Starrt Frau Haberl an.)*

FRAU HABERL *(leise, fast flehend)* Aber des is doch eine alte Nazisau, aus einer alten Nazimörderjustiz, Sie, Sie, Sie Frau Sie!

KORBI Kopf vom Blüm ist notiert, Kopf vom Kohl ist notiert, und Kopf vom Abtreibweltmeister is notiert.

FRAU HABERL *(außer Atem)* Nazirichtersau.

MUTTER *(lächelnd)* Was soll der denn sonst sein, der arme Mann, der is doch über 60, *(laut, aggressiv)* die blödesten Marxisten-Deppen wissen doch heute, daß der Mensch 70prozentig aus Erbanlage programmiert ist, und der Rest ist soziale Einschulung. Und dazu gehört das Elternhaus. Jeder Deutsche mit mehr als 60 Jahren ist ein ausgebildeter Nazi. Gott sei Dank.

LORENZ *(leise, verlegen)* Mir sind das Nazi-Hitler-Kühnen-Volk. Da muß man sich doch nicht aufregen, liebe Frau. Dieses Memmingen ist doch keine Ausnahme, das is doch ganz normal.

FRAU HABERL Diese ganz normalen deutschen Richterschweine!

MUTTER Die der jüdischen Rasse noch nie gefallen haben, gell, Frau Haberl. Gott sei Dank gibts noch ein paar Deutsche, die die Vergangenheitsbewältigung überlebt haben und den Mut zu unpopulären Maßnahmen haben. Hut ab!

FRAU HABERL *(baff)* Nazisau!

MUTTER Ich bin ich. Das ist eine große Gnade.

FRAU HABERL Aber die Geschichte ist doch dazu da, daß sie die Menschen ändert.

MUTTER *(gutmütig)* Levantinisch-marxistischer Unsinn, ich sage Unsinn. *(Lacht)* Fragens lieber die Historie, warum die netten jungen Leut sich heute an Hitlers Geburtstag wieder einen frischen Kragen anziehen!

LORENZ *(weich)* Nazisau in Robe und Nachthemd, Nazigsindel in Heim und Hof, am Altar und im Kühlhaus, daran müßten doch auch Sie sich längst gewöhnt haben, oder sind Sie erst kürzlich zugesiedelt? *(Alle lachen, er verbeugt sich.)*

DICHTER Halts Maul, blöde Sau. Ich sage nur Thomas Mann. Jeder Dreckhaufen in Uniform is denen mehrer Wert wie mir, jeder Polizist kann Kulturminister werden, aber niemals ein kritischer Volkstheaterdichter.

MUTTER Die Kulturminister sind alle unglücklich, denk an den armen Goebbels.

KORBI *(singt)* Was anders als ein Nazischwein soll das Richterlein denn sein.

MUTTER *(schwärmend)* 70 Prozent Erbanlage! Der liebe Gott laßt sich nicht ins Handwerk pfuschen von die Menschen, Gott sei Dank. Keine Chance für Weltverbesserer.

FRAU HABERL *(leise, sauer, zu sich)* Da wird eine Frau vom Gericht beleidigt, und da schneidet sie dem Richter den Schädel ab und auf einer silbernen — oder war sie golden? — so einer Schüssel, da drauf wie der Dingsbums, das imponiert und sonst nix.

MUTTER *(lieb zu Lorenz)* Genau, Juden unter sich! Bring mir doch so ein Judenköpferl mit abgeschnittenem Kragerl. *(Zeigt Lorenz ihr Frühstücksei)* Schau, schau, wie ich des geköpft hab.

LORENZ Gekonnt, gekonnt. *(Er küßt ihr die Hand.)*

KORBI Kusch, Nazisau.

FRAU HABERL Du bist doch die einzige hier, die die Gnade der späten Geburt nicht beanspruchen kann! Nimm dein Bett und wandle nach Auschwitz, alte deutsche Hex.

MUTTER *(singt ungerührt)* Ich bin ein Mensch, was bist denn du? *(Zu Lorenz)* Komm an mein Herz und hör mir zu. Ach, lieber Lorenz, ich tät gern noch ein paar Gedichteln von Ihnen hören, wollen wir uns zurückziehen? Zwei Deutsche werden sich schon nicht streiten.

FRAU HABERL Mein Gott, was hab ich verbrochen, daß ich als Deutsche hab auf die Welt kommen müssen, wo ich so gern eine Vietnamesin gewordn wär.

DICHTER Vielleicht wollen Sie sich ein bißl ausruhen von die Kinder bei uns, Frau Haberl?

FRAU HABERL Sie sind doch beim Theater, oder?

MUTTER *(groß)* Wir sind alle beim Theater, kleine Frau.

FRAU HABERL Dann wollt ich Ihnen nämlich zeigen, was in mir steckt. Hams ein Video? *(Zieht eine Cassette heraus.)*

MUTTER *(zu Lorenz)* Wer mir meinen Sohn wegnimmt, der wird Blut ernten. Komm, lieber, warmer Jüngling!

(Weiter simultan in den angrenzenden Räumen.)

FRAU HABERL *(beim Videoeinlegen)* Vielleicht kann man nicht erkennen, was in mir steckt, obwohl –

DICHTER Ach, eine Begabung kann man eigentlich immer erkennen.

FRAU HABERL Ich habs angelegt als eine Frau, die auf der Suche nach sich selbst andauernd Fehler macht, sie kommt von einer Abhängigkeit in die andere, von einem Scheißkerl zum nächsten, das einzige Teil an ihr, was funktioniert, ist –

DICHTER *(nickt, da er einen Schwanz in einer Möse sieht.)*

FRAU HABERL Mein innerer Monolog war: Sie kommt aus einem katholischn Elternhaus, die Pille war tabu und das Bumsen natürlich auch. Zum ersten hat sie sich überreden lassen, zum zweiten nicht. Außerdem brauchst bloß eine Männerhosn neben sie hinstellen, da is sie am nächsten Tag schon schwanger. Sie is unheimlich gebärfreudig. Und drum is drin im Schlamassl mit die Kinder und will raus.

DICHTER *(etwas belegt)* Ach so.

FRAU HABERL Eigentlich is sie aber nicht unfroh, schau, wenns die Pille gnommen hätt, was hätts denn dann? Sie stehert vollkommen einsam auf der Welt, aber so hats jemand, wo sie sich, auch in die ausweglosesten Situationen mit irgendwelche widerlichen Pritt-Kleber, festhalten kann.

DICHTER Wahnsinn.

FRAU HABERL Ja, aber die Frau is ein ganz prima Kerl. Die hat nur eine totale Bindungsangst, das versteh ich gut. Der ihr innerstes Teil sagt immer: Vorsicht, du könntest enttäuscht werden. Normal ist, daß du enttäuscht wirst, und deshalb bindest du dich erst gar nicht. Wie ich jung war, *(Sie ist höchstens 28.)* hab ichs in einer Woch auf elf Lover gebracht. Da warn vier Kanadier, an die kann ich mich überhaupts nur noch als Gruppe erinnern und dann ebn so einzelne Teile. Da grausts mir heut noch, wenn ich da dran denk, aber da muß man durch, sonst hängt eim das ewig nach. *(Zum Video)* Schau, das hab ich jetzt als Vorgeschichte ausdrücken wollen.

DICHTER *(etwas eingeschüchtert)* Und das an Weihnachten!

FRAU HABERL *(zum Video)* Jetzt mußt schaun, da bin ich nämlich stolz drauf, das is doch gut gemimt oder nicht, und könnt ich damit beim Volkstheater ankommen?

DICHTER Mei, des is –

FRAU HABERL Es geht nur um die eine Große, die close, die wo jetzt kommt, die kommt ja immer wieder, die spiel ich in einem durch, und die hams so gut gfundn, daß sie sie immer wieder dazwischn gschnittn habn – *(man sieht anonyme Geschlechtsteile und dazwischen Frau Haberl.)*

DICHTER Hm.

FRAU HABERL Ich erklärs dir. Also nachdems alles durchgmacht hat, da siehts den Boy da, in Wirklichkeit is der schwul, aber das muß man ebn aus dem Kopf herauskriegen, wenn man so einen Partner hat, der Rock Hudson wars ja auch. Also sie sieht ihn, schau dem seinen geilen Hintern an, der hat was Italienisches –

DICHTER Hm.

FRAU HABERL Also den siehts, und da sagt sie sich, da sind Vibrations, die kenn ich, der ganze alte Scheiß ebn mit der Liebe kommt ihr hoch, nach zig-Teile, wos drüber rutschen hat lassen, kommt jetzt der Typ, der schnuggelige, und jetzt spiel ich die Großaufnahme, also ohne Text, in die Scheißpornos gibts ja keinen Text, das lauft bloß auf der Improvisationsschiene. Also diese fremden Vibrations, die wo neu sind und hochkommen inmitten der alten Teilescheiße, das spiel ich jetzt, daß ich da hin- und hergerissen bin, außerdem hat der ja dauernd sein Teil drin, und der fortwährende Orgasmus, der muß ja auch gekonnt sein. Schau, jetzt denk ich mir: Liebe ist Abhängigkeit, sowas laß ich bei mir nie wieder aufkommen, da bin ich dann bloß weg von mir, wenn ich dem nachgeb. Die Liebe ist für eine Frau, die auf der Suche nach sich selbst ist, schlimmer als der geilste Hotelportier. Und deshalb soll der mit seinem Teil abziehen. Er kriegt mich nicht, der Italoarsch. Und er merkt das. Aber ich find, er kann es nicht spielen. Weil er jetzt einen Haß hat, fickt er sie mit allem, was sein Teil hergibt, und mir tut es schon weh, aber das zeigt sie nicht, und gibt nicht nach, also der Zuschauer muß merken, daß es mir weh tut, aber eben auch, daß der Italoarsch keine Genugtuung davon rausziehen kann, weil sie nicht nachgibt. Kann man das erkennen?

DICHTER *(belegt)* Also ich find schon. Also der Schmerz is gut gespielt, der is schon bauerntheaterreif. Den könnt ich schon durchgehen lassen in einer Generalprobe.

FRAU HABERL Das is jetzt das Ende, sie bleibt allein. Wie war ich?

DICHTER *(will näher)* Super.

FRAU HABERL Könnt ich in Ihrem Bauerntheater mitspielen?

DICHTER *(blöd)* Super. *(Will näher.)*

FRAU HABERL *(wehrt ab)* Immer sagens nach dem Video super und ham nix im Kopf wie ihr Teil, und ich tät es wirklich gern wissen, ob ich gut war oder ned. Ficken kann doch jeder, aber wer kann es glaubwürdig darstellen?

DICHTER Ich tät lieber mehr tun und weniger dardichten *(unverständlicher Text)* –

FRAU HABERL Also da muß ich dich enttäuschen, weil da bist auf dem total falschn Gleis, weil, des war ja also – des Video war ja nur, weils beim Studentenschnelldienst nix bessers ghabt ham und mir unbedingt Geld braucht ham und ich eh zur Schauspielerei will. Privat bin ich jetzt sowas von auf dem Nonnentrip, des is viel geiler letztlich.

DICHTER Ach so.

(Weiter simultan, Mutter hat sich den Morgenmantel ausgezogen und liegt einladend im Nachthemd im Bett, Lorenz unschlüssig davor.)

LORENZ Und wenn ich in Ihr Betti bisi?

MUTTER Selbstvertrauen ham Sie wohl gar keines?

LORENZ Eher weniger.

MUTTER *(kokett)* Das kenn ich, aus der Zeit vor meine großen Erfolge im Bauerntheater.

LORENZ *(leise)* Auch ich hätte gerne einmal einen Erfolg.

MUTTER *(zärtlich)* Hig rhodos hig salta.

LORENZ Wenn man schon so viel gedichtet hat wie ich, dann ist es doch traurig, wenn alles im Verborgenen bleibt.

MUTTER *(langt ihn flüchtig an)* Ach Dummerl.

LORENZ Wenn einmal ein Gedicht von mir in der FAZ am Wochenende abgedruckt wäre, dann sähe die Welt doch ganz anders aus.

MUTTER *(singend)* Wie denn?

LORENZ Bunter.

MUTTER *(träumend)* Das Bunte.

LORENZ Wer dichtet, rostet, wenn er nicht publiziert, wenigstens hin und wieder. *(Traurig)* Die Angst ist mein Feind. Ich dichte zu ängstlich.

MUTTER Dann dichtens halt ein bißl weniger ängstlich. Vielleicht springt die FAZ dann an.

LORENZ Aber am liebsten würde ich mutig dichten.

MUTTER *(zärtlich)* Wenn Sie die Ausstrahlung von einem Fahrrad hätten, dann tät ich sagen, der Mann braucht wenigstens Erfolg als Dichter. Aber bei Ihnen! Schauen Sie sich doch diese traurigen Dichterlinge der Neuzeit an. Die ham doch nix in der Hosn außer einem braunen Strich. *(Annäherung.)*

LORENZ Ihr Sohn —

MUTTER Der arme Bub, ohne mich als komische Alte wäre seine ganze Dichtung nix wert. Wenn er das einmal erkennt, dann Adieu du liebe Nachtigall.

LORENZ Ich bewundere ihn. *(Ehrlich)* Weil er mit der Dichtung ein Geld verdient.

MUTTER *(stolz und in Treue fest)* Das Bauerntheater ernährt seine Getreuen, das kann man sagen.

LORENZ *(begeistert)* Sie geben nicht nach, gell!

MUTTER *(nickt)* Soll ich mein ganzes Lebn durchstreichn? Ich bin doch nicht verrückt geworden. Ein Fehler ist, wenn man ihn zugibt. Kommunist bleibt Kommunist, Jud Jud, Araber Araber, Neger Neger, und ich bleib ich.

LORENZ *(ängstlich)* Wäre das nicht das Ende der Menschheit?

MUTTER Das will doch Gott, gell, mir zwei, mir verstehn uns. Ganze Universen gehn unter, ohne daß ein himmlischer Hahn kräht! *(Intim)* Diese Scheißweiber wolln mir doch alle bloß meinen Sohn wegnehmen, den größten Bauerntheaterdichter seit Maximilian Vitus. Wo soll ich denn auftreten, wenn nicht bei ihm.

LORENZ Aber warum denn dann den Umweg über andere — Rassen, Völker?

MUTTER Der Haß auf einzelne nimmt immer den Umweg über ein Volk. Das ist doch ganz einfach. Sie müssen noch viel lernen, bis die FAZ anspringt, denk ich. Literarisch! Nur literarisch, lieber warmer Junge.

LORENZ *(nickt)* Mich nährt meine Dichtung leider nicht.

MUTTER *(herzlich)* Sie Armer. *(Annäherung.)*

LORENZ *(schaut.)*

MUTTER Du lieber, warmer Junge. *(Erstmals macht auch er*

eine zarte Streichelbewegung, und sie stöhnt vor sich hin wie ein Dampfroß.)

LORENZ Hatten Sie denn soeben einen Orgasmus?

MUTTER *(eher empört)* Haben Sie es denn nicht gehört *(stöhnt)* ahhh, ehhh, ihhh, ohhh, uhhh.

LORENZ Ich hatte, verzeihen Sie, den Eindruck, es war weniger echt als gespielt, um mir eine Freude zu machen *(räuspert sich)*, Mut zu machen.

MUTTER *(lächelt, singt geheimnisvoll)* Flieg, kleiner Vogel, flieg! *(Dann entwaffnend, jung)* Wirklich echt bin ich nur, wenn ich spiele. *(Wie die Duse)* Geben wir uns die richtigen Stichworte, auf daß wir die falschen Rollen richtig spielen. Komm, lieber kleiner Dichterkopf, küß mich.

LORENZ Einer Frau wie Ihnen hätt ich eben früher begegnen müssen.

MUTTER Warum denn so negativ, mein Lieber, life ist today, tomorrow never comes. *(Sie hält über ihrem wallenden Busen die Arme auf, worin er hineinsinkt, zart und verlegen, Stille.)*

KORBI *(allein)* Nur der Kaba, der Kaba ist heute instant gut. Bravo Nazi! Nazi kann gut Kaba batzi. *(Trinkt.)*
(Pause)
Es läutet, draußen vor der Wohnungstür wird geschrien, getobt, geklopft: »Hunger! Mama, tun wir heute nicht essen? Mama!« usw.
Korbi geht zur Tür, öffnet einen Spalt, die Tür wird aufgedrückt, Meli stürzt mit dem Baby auf dem Arm herein, verschlampt und wild, Korbi will sich ihr in den Weg stellen, aber er wird umgerannt, und Meli stürzt zum Küchentisch, säuft den Kaba aus, frißt Hörnchen und Eier und Toast und Kaffee und Milch und alles, was da ist, rattenschnell zusammen.
Korbi ist überwältigt von dieser Naturgewalt, er steht nur noch scheu dabei und sagt abwechselnd: »Ich heiße Korbinian Schritt, wie heißt denn du?« Und: »Das sag ich meinem Papa, das ist verboten.« Und dann, als alles nichts nützt, ganz kleinlaut: »Darf ich auch mitessen?« Worauf ihn Meli an der Hand nimmt und sagt: »Ich gib dir was, du armer Bub, du armer!« Und sie fressen gemeinsam und friedlich.
Dann drängen ein junger Bursch und ein Mann durch die offene Wohnungstür: Garfunkel mit einem Kunden. Garfunkel deutet dem Mann, still zu sein, auf Zehenspitzen schlei-

chen sie über den Flur und öffnen die Türen, weil aber alles
»besetzt« ist, winkt Garfunkel den Mann ins Klo, worin sie
verschwinden.
Es klingelt.

MUTTER *(ruft)* Es klingelt, sitzts ihr auf die Ohren? *(Singend)*
Wir sind beschäftigt.

KORBI *(geht zur Tür, öffnet und starrt die Besucherin an.)*

RENI *(mit Weihnachtspäckchen)* Geh Dummerl, was er-
schrickst denn, ich bin doch deine Mama. Wegn dem bißl
Face-lifting und Nasnkorrektur brauchst doch ned erschrek-
ken. *(Ruft)* Franzl, wo bist denn, sag dem Deppen, daß ich
seine Mutter bin. Hallo!

MUTTER *(vereisend zu Lorenz)* Meine Schwiegertochter, diese
alte Spinatwachtel. Und eine schlechte Schauspielerin, mein
Gott. *(Sie starrt zum Himmel.)* Gott sei Dank, sie ist von der
Bühne abgegangen! *(Lacht und erhebt sich.)*

DICHTER *(aufstehend zu Frau Haberl)* Des is mei gschiedene
Frau, die Mutter von dene Kinder da von mir, weißt schon.
(An der Tür) Des is doch deine Mama! Servus Reni.

KORBI *(starrt sie fremd an.)*

RENI Schau ich denn so anders aus?

MUTTER *(anwallend)* Hallo, mein Liebes, wie schön, wie gut
dich zu sehen. Du schaust fabelhaft aus!

RENI Des is ja noch nicht fertig, aber man sieht doch, wo es
hinsoll. Ich hab so ein Feeling, daß bei der Frau der 90er
Jahre das griechisch-römische Profil kommt. Das sieht man
jetzt schon an der Herbstmode. *(Sieht Frau Haberl)* Wer isn
des?

MUTTER Des is die Frau Haberl, unsere neue Nachbarin –
(sieht die Kinder) mit ihre armen Hascherln. Lasset die Kind-
lein zu mir kommen!

MELI Spinnt die Omi?

FRAU HABERL Haberl, grüß Gott!

RENI *(weil alle sie anstarren)* Da verliert man ja gleich von Anfang an den Mut. *(Immer leiser werdend)* Die Nase is noch
geschwollen, die is doch total eingemörsert worden und neu
aufgebaut. Des dauert noch ein paar Tage, bis sie abschwillt.
(Verzweifelt) Außerdem kann ich sie jederzeit wieder ändern lassen.

RENI *(zu Korbi)* Gib deiner Mama endlich ein Bussi, aber paß
auf meine Nase auf, die tut noch weh, wenn man hinkommt.

KORBI Frankenstein wird nicht geküßt

MELI Bäh!

RENI *(beginnt zu weinen.)*

MELI Bäh!

DICHTER Und das an Weihnachten!

RENI Mich machts ihr nicht fertig. *(Will ab ins Klo, das besetzt ist.)*

MUTTER *(spitz)* Wenn niemand fehlt und das Klo besetzt is, muß *(zu Reni)* dein Sohn von der Nachtschicht zurück sein.

RENI Nicht an Weihnachten, Mama! *(Klopft fiebrig an die Klotür)* Garfunkl, bist du drin, ich bins, deine Mutter, die machen mich schon wieder fertig, mach auf!

MUTTER Zwischen *(betont es)* Gaswerk und Abort.

LORENZ *(leise, verschwörerisch kommt er)* Ich hab nicht ins Bett gemacht, aber jetzt – *(zur Klotür.)*

RENI Da is besetzt.

LORENZ Ach so, pardon, Lorenz Bisinger.

MUTTER *(schmettert)* Dichter!

DICHTER *(zum Klo)* Mach auf, mir wissn, daß du drin bist.

FRAU HABERL Des is doch ned so schlimm, jeder muß doch einmal!

MELI Ich muß auch.

KORBI *(kräht)* Wir müssen alle, mach auf, sonst schlagen wir die Tür ein.

DICHTER Mach auf, du bist umzingelt. *(Man klopft und ruft.)* *(Blitzartig geht die Tür auf, der Kunde tritt heraus, sagt kurz »pardon« und verschwindet bei der Haustür. Erstaunen.)*

MUTTER Wer warn des? Kenn ich den?

DICHTER *(verzweifelt)* Und das an Weihnachten!
(Alle erstarren, weil die Klotür sofort wieder von innen verschlossen wird. Alle schauen auf die Tür, Pause, dann geht sie auf, Garfunkel erscheint, Stille.)

Zweiter Akt

Das Schlachtfest der Eitelkeiten ist beendet. Es geht langsamer, stiller, zäher zu. Und natürlich ist Weihnachten. Alles ist immer weihnachtlich. Vor allem Weihnachtsmusik, während des ganzen Aktes ist sie da; der Fernseher ist an. Immer wieder rennt einer und stellt lauter, wenn ihm was gefällt, oder leiser, wenn er meint, man würde ihn nicht verstehen. Die Weihnachtslieder kommen immer wieder, gnadenlos in Minuten-Abständen, und alle freuen sich, wenn »Oh Tannenbaum« und »Stille Nacht« dröhnen.

Von was sie auch reden, sie versuchen es weihnachtlich. Es ist leicht möglich, daß jemand sagt: Du gottverfluchte Sau, wenn ich dich noch einmal erwisch, dann schlag ich dir das Kreuz ab – und gleich danach summt er »tschingl bells«.

Der Spielstil müßte so eine Mischung aus Gründgens und Woody Allen sein.

Das Chaos ist jetzt leiser und beginnt vor dem Klo.

Dichter davor, Reni drin, manchmal schaut ihr Kopf beim Türspalt heraus.

RENI Weißt es doch, daß die Modebranche ein schwieriges Geschäft is.

DICHTER Ja, daßd aber jetzt schon jede Saison das Gesicht verändern mußt, damitst im Trend liegst, is das nicht ein bißl viel verlangt?

RENI *(matt)* Was is nicht viel verlangt.

DICHTER Is doch normal, oder? *(Nickt)* Jeder tut sein Bestes.

RENI Wenn ich nicht immer so wahnsinnig todmüd wär.

DICHTER Komm raus, *(aus dem Klo meint er)* schlaf dich aus.

RENI Schlafn is einfach ein zu immenser Streß, das halt ich nur selten aus. Liebst du mich noch?

DICHTER Mei, so komplizierte Fragen.

RENI Was?

DICHTER *(unverständlicher Text.)*

RENI Ich auch. Das Lebn is doch irgendwie eine einzige Gemeinheit.

DICHTER Ja, mehr oder weniger.

RENI Meine Liebe zu dir wird wie eine Insel. Je mehr ich weiß, daß ich ihr entkommen bin, um so lieber bist du mir.

DICHTER *(leicht)* Man is doch immer von lauter Selbstmörder umgeben. Ich hätt eben Tierarzt werden sollen *(unverständlicher Text.)*

RENI Was?

DICHTER *(nickt.)*

RENI Ich will doch nur ein bißl ein Glück. Is doch normal, oder?

DICHTER Das Bauerntheater bringt mich um.

RENI Und deine Neue, wo du hast?

DICHTER Was?

RENI Diese Frau Haberl?

DICHTER Die is doch bloß eine Nachbarin, mit, wo auch Kinder hat, gell.

RENI Mit der schlafst du doch dauernd.

DICHTER Wann hab denn ich je dauernd mit jemand geschlafen?

RENI Aber ihr seids doch *(unverständlicher Text.)*

DICHTER Sind mir überhaupt nicht.

RENI *(nervös)* Is doch normal, oder? Ich will doch nur ein bißl ein Glück.

DICHTER Du wirst immer schöner, nach jeder Operation wirst du selbster.

RENI Danke, du bist immer noch sehr lieb manchmal.

DICHTER Lieb is doch nett, oder?

RENI Vielleicht sind mir wieder zusammen, wenn mir in ein Altersheim passen. Ich denk oft, den Lebensabend verbring ich wieder mit meinem Bauerntheaterhäuptling.

DICHTER Na ja, jetzt wost in Paris die großen Kreationen machst, is es vielleicht weiter weg am *(unverständlicher Text.)*

(Stille.)

RENI Jetzt is es ganz still.

FRAU HABERL *(kommt)* Entschuldigung.

RENI Warum denn. Ich besuch meinen Mann, den ich Ihnen nicht wegnehm.

FRAU HABERL Ich auch ned.

RENI Is doch aussichtslos, jede Sekunde werden drei Menschen geboren sozusagen, da kann man doch bloß resignieren *(unverständlicher Text.)*

DICHTER Was?

FRAU HABERL Das is doch bitter, sagt sie.

RENI Bitter, hab ich gsagt.

DICHTER Komm halt raus *(aus dem Klo).*

RENI Warum denn. Ich will doch nur ein bißl ein Glück.

FRAU HABERL Ja versteht denn das niemand?

DICHTER Niemand versteht irgendwas, sonst würd ja jeder was verstehen.

FRAU HABERL Is doch normal, oder?

RENI *(unverständlicher Text.)*

DICHTER *(unverständliches Wort.)*

FRAU HABERL Was?

    (Stille)

RENI *(steckt den Kopf raus, zu Frau Haberl)* Ich liebe das Leben. Das hab ich neben ihm nie ausdrücken können, das war unser Problem.

FRAU HABERL Is doch normal, oder?

    (Stille)

RENI Jetzt is still.

FRAU HABERL Von meine Kinder *(horcht)* hör ich auch nix. Für mich is die Stille sehr laut, weil ich eine Mutter bin.

RENI Ich war auch eine, aber was ich jetzt mach, liegt mir mehr.

FRAU HABERL Mir tät auch was anderes mehr liegen. *(Schaut den Dichter herausfordernd an.)*

DICHTER *(leicht)* Ich möcht gern was sagen, aber ich weiß nicht was.

RENI *(leicht)* Glück.

FRAU HABERL Genau. Feiern mir jetzt gemeinsam Weihnachten oder ned?

RENI Um mich braucht sich niemand zu kümmern.

DICHTER *(zu Frau Haberl)* Klar, und wenn meine Mutter vor Wut krepiert.

RENI Mich hats auch nie mögen, obwohl sie mir eigentlich völlig gleichgültig war immer.

GARFUNKEL *(kommt, stockt.)*

DICHTER Geh mir aus die Augen. Und das an Weihnachten!

GARFUNKEL Ich muß aufs Klo. *(Kleine Pause.)* Wirklich.

RENI *(läßt ihn rein und geht raus, nun stehen sie zu dritt davor.)*

DICHTER Nimmst wenigstens beim Scheißen den Vibrator aus dem Arsch, wenn dir Weihnachten schon nix bedeutet.

GARFUNKEL Ich habe ja gar kein drin.

DICHTER Freilich, ich hör es doch. Und wenn dir der Vibrator einmal auskommt und sich in den Darm frißt, ich streit nicht mit der Krankenkasse, ob die das zahln oder nicht. *Ich* zahl es nicht und basta. Ich laß ihn dir drin, und wenn er dir beim Hirn herauskommt, sofern du ein solches dein eigen nennst.

RENI *(leise hysterisch)* Ich kann es nicht hören. *(Hält sich die Ohren zu und geht auf und ab, zu Frau Haberl)* Ich hab mit denen da nix mehr zu tun, gestrichen.

FRAU HABERL Also wenn die Melanie in ein paar Jahr ein Lover mitbringt und mit ihm auf unser Klo zum Ficken geht. *(Kleine Pause, ehrlich)* Also gut find ich das nicht.

DICHTER Und das an Weihnachten!

GARFUNKEL Ich will überhaupt nix, wie glücklich sein und meine Ruh haben. Ich will wie alle andern Menschen auch behandelt werden.

DICHTER Wo du ein männlicher Nymphomane bist, bist du kein anderer Mensch.

GARFUNKEL Sondern?

DICHTER Eine Sau.

GARFUNKEL Warum darf ein Mann keinen Mann lieben, wenn der Mann, den er liebt, auch bloß von einem Mann geliebt werden will. Ha und wieder ha?

DICHTER Ein Mann ist ein Mann, und deshalb muß er männlich sein, sonst kann man ihn nicht wie einen Mann behandeln, sondern wie ein Weib.

GARFUNKEL Dann behandel mich doch wie ein Weib, aber anständig.

DICHTER Das tät dir passen, daß ich dir von meim sauer verdienten Geld auch noch Tampons kauf.

RENI *(hysterisch »oben« zu Frau Haberl)* Kennen Sie meinen Sohn?

FRAU HABERL Vom Treppenhaus.

RENI Ich auch.

DICHTER Lang mach ich das nicht mehr mit.

GARFUNKEL Wer muß es denn mitmachen, das Leben mit mir, du oder ich?

DICHTER Ich muß es mitmachen.

GARFUNKEL Wenn ich deine Tochter wär, tät es ganz normal sein.

DICHTER Du bist aber mein Sohn, du bist ein Mann. Das mußt du dir immer vorsagen. Ich bin ein Mann, ich ficke die Weiber, ich leg sie aufs Kreuz, aber nicht die Männer mich, weil ich bin der Mann. Mein Gott, das ist doch ganz einfach, ruck zuck, schon hat man die Weiber und runter und hinein zwischen die Füß und ramba zamba!

(Die Frauen machen sich Gesten des Irrsinns gegenseitig vor, zwischen Verzweiflung und totalem Hohn über den Dichter.)

DICHTER Der Mensch als Mann, das is doch besser wie der Mensch als Frau.

GARFUNKEL Ich bin ja ein Mann, aber anders.

DICHTER Du bist doch kein Mann. Aber das ist bloß, weil deine Mutter ihren Kopf durchgesetzt hat, wenn es nach mir gangen wär, hätt man dich abgetrieben wie das Treibholz auf der Isar.

GARFUNKEL Wo is denn auf der Isar ein Treibholz?

DICHTER Mit dir kann man ja nicht reden, da versteht man sich ja selber nicht mehr.

GARFUNKEL Die Füß ausnand und ramba zamba. Du bist doch der letzte Provinz-Macho-Aff.

DICHTER Ich weiß so viel, daß wenn man dich abgetrieben hätt, dann wärst du ein glückliches Engerl geworden, und so bist du eine unglückliche Sau, das is doch ein Unterschied.

GARFUNKEL *(hilflos haßerfüllt)* Du bist doch die Obernazisau bei uns, dagegen is ja die Oma harmlos.

LORENZ *(kommt)* Pardon, *(will aufs Klo)* dein Klo ist aber viel besetzt, Respekt.

DICHTER Weil mein Sohn sein ambulantes Gewerbe in meine Wohnung hineinträgt.

GARFUNKEL *(schreit aus dem Klo)* Wo hätt ich denn hingehn sollen, war ja überall schon jemand.

DICHTER *(schreit auch)* Mein Sohn is nämlich ein stadtbekannter Stricher und, weils in die öffentlichen Pissoir zur Zeit zu kalt is, geht er zu mir heim in die warme Stube mit seine Kunden. *(Hysterisch)* Gottes größte Drecksau, das is mein Sohn.

GARFUNKEL *(schreit auch hysterisch)* Und positiv bin ich auch. *(Erscheint in der Klotür.)*

DICHTER *(zu den Umstehenden)* Und wenn die ganze Welt positiv ist, du nicht.

GARFUNKEL *(noch immer zwanghaft schreiend)* Doch, ich hab einen Test machen lassen.

DICHTER Das werdn schon solche »Test« sein, die wo du machen läßt. Mein Gott, arbeit was, mach eine Karriere beim Siemens oder beim BMW, und dann machst wieder einen Test, und wenn es dann heißt positiv − *(kleine Pause)* positiv?

(Stille)

DICHTER *(langsam)* Mein Sohn, positiv, das hätt ich mir gleich denken können, daß du nicht negativ bist.

RENI Ich halt es nicht aus.

FRAU HABERL Is doch nicht normal, oder?

LORENZ Jetzt hab ich mich angebieselt. Jetzt bring ich mich um.

DICHTER Siehst ja, es gibt schlimmeres. *(Zur Tür, zärtlich)* Gib mir ein Bussi.

GARFUNKEL Was?

DICHTER Gib mir ein Bussi. *(Zu den andern)* Das hab ich mir immer schon vorgenommen, wenn ich den ersten Aids-kranken antreff in meinem Leben, dann gib ich ihm einen Kuß zum Zeichen, daß er nicht aus der Gemeinschaft ausgeschlossen ist.

GARFUNKEL Ich mag dich nicht küssen, Papa.

DICHTER Ein Aidskranker hat nicht zu mögen, sondern zu tun, was man sagt. Bussi.

GARFUNKEL Fick dich in den Arsch!

DICHTER Und das an Weihnachten!

RENI *(klein, zitternd mit einem Messer, das sie geholt hat)* Wenn du noch ein einziges Wort mit meinem Sohn sprichst, stech ich dich ab. Ich halt es nicht mehr aus.

DICHTER Und ich?

RENI *(hat mühevoll das Klappmesser geöffnet und sticht auf den Dichter ein, allerdings so ungeschickt, daß das Messer wieder zuklappt und sie sich in den Finger schneidet, während der Dichter unverletzt bleibt.)*

DICHTER Und wer redt von mir? Ha? Dein Sohn ist positiv, und warum? Vielleicht weil ihm die Mutter fehlt, deswegn brauchst doch mich ned abstechen, kümmer dich lieber um deinen Sohn anstatt um deine Scheißnasn. *(Packt sie daran, was höllisch weh tut)* Da, da, da, jetzt kannst sie dir noch einmal aufbauen lassen, dieses Scheißteil.

RENI *(hält sich jammernd die Nase.)*

FRAU HABERL *(ruhig)* Positiv sind mir doch alle. Die Positiven wissn, daß sie sterben müssen, und die Negativen sterben auch, aber sie wissen es nicht. Is doch normal, oder?

DICHTER Bist du auch schon positiv mit deim Teil, ha?

FRAU HABERL Mir is ein schnelles, kurzes, starkes Leben lieber wie ein 2-Bett-Zimmer im Altersheim.

DICHTER So redet man nur, wenn man positiv ist.

FRAU HABERL Vielen Dank im voraus.

DICHTER Und das an Weihnachten! *(Geht weg.)*
(Pause.)

FRAU HABERL *(interessiert)* Was machstn mit dem ganzen Geld, desd da verdienst?

GARFUNKEL *(unsicher, ehrlich)* Ich spar einfach so lang, bis ich mir eine Geschlechtsumwandlung leisten kann.

FRAU HABERL Meinst, das bringts?

GARFUNKEL *(kommt aus dem Klo)* Aufn Strich geh ich dann jedenfalls nicht mehr. Als Frau – nie. *(Kleine Pause.)* Aber daß ich jetzt ebn positiv bin, das is mir dazwischen kommen, damit hab ich nicht rechnen können. Wo ich mich mit 14 zum ersten Mal hab bumsen lassen, kann ich im schlechtesten Fall fünf Jahr positiv sein, ich glaub aber, daß ich es höchstens drei Jahr bin. Da hab ich noch locker zehn minus drei ist sieben, mei, des is noch so wahnsinnig viel Zeit, da weiß ich sowieso nicht, was ich damit anfangen soll.

FRAU HABERL Da tät ich mich aber möglichst schnell umwandeln lassen, damit es sich rentiert.

GARFUNKEL Sterben will ich in jedem Fall als Frau.

RENI Der Tod hat für mich keine Bedeutung.

GARFUNKEL Für mich schon.

KORBI *(kommt schreiend)* Ich bin der Jesus.

MELI *(hinterher)* Batman killt Jesulein *(Stürzt sich auf ihn.)*

GARFUNKEL *(blöd verbissen)* Donald Duck fickt Arnold Schwarzenegger.

DICHTER Ich versteh die Welt nicht mehr. Heut ist doch Weihnachten, um Gottes willen.

FRAU HABERL *(entschuldigend)* In Nepal ist alles ganz anders.

DICHTER Und von was leben mir da? In Nepal kann ich kein Bauerntheater schreiben, und wenn –

GARFUNKEL – dann hat er immer noch niemand, der seinen Scheißdreck aufführt.

DICHTER *(leise)* Denk daran, daß du positiv bist, und sei still.

GARFUNKEL Genau.

FRAU HABERL In Nepal lebt man billig.

GARFUNKEL Wie billig?

FRAU HABERL Ich möcht einfach weg.

GARFUNKEL Ich auch. *(Zum Vater)* Aber auf dem Ohr hört der Arsch ja nicht. Gib mir ein Geld, daß ich eine Weltreise machen kann, jetzt, wost weißt, daß ich positiv bin.

DICHTER Noch bist du nur positiv, das kann Jahre dauern, bis man dran stirbt.

GARFUNKEL Ich will nach Nepal.

FRAU HABERL Ich auch.

DICHTER Könnts mitnander fahren, aber ned mit meim Geld.

FRAU HABERL Steck dir dein Geld in den Arsch.

RENI Der hat ja gar keins.

GARFUNKEL Und wo sein Arsch is, weiß er auch nicht. *(Laut)* Gib mir zwanzigtausend Mark, und ich versprech dir, du siehst mich nie wieder.

DICHTER Wo wir derzeit so hohe Zinsn ham. Fünftausend kannst ham.

GARFUNKEL Des langt ned, ich will Nepal, Burma und Guatemala und dann, logo, Indien, wo ich sterb.

DICHTER Das tät dir passn, gell, daß ich mich wegn dir in Schulden stürz. Nix kriegst, keinen Penni, dazu hab ich dich zu lieb, ich will dich niemals von mir lassen, und grad jetzt, wost positiv bist, armer Bub, will ich dich immer wieder anschaun, und mein Auge ruht auf dir und denkt sich, das hat er nun davon, weil er schwul ist, das arme Kind, und von mir hat es nicht, weil ich mein Leben lang jedem Rock nachglaufen bin und nie einer männlichen Unterhosn.

GARFUNKEL *(schlaff)* Du bist der Obernazi, genau.

DICHTER *(entschuldigend)* Bei solche Kinder.

GARFUNKEL Der Hitler hätt längst ein Seuchen-KZ gegründet, und dann gäbs Zyklon B für solcherne wie mich. Wer positiv ist, ein paar auf den Arsch und Zyklon B trara trara, der Pumuckl ist wieder da. Oder? Sag was.

DICHTER Das sagst du, nicht ich.

GARFUNKEL Ich sag, was du denkst.

DICHTER Dann sag ich dir, was du denkst.

GARFUNKEL Bitte.

DICHTER Nein, alles hat seine Grenzen.

(Korbi und Meli kommen angelaufen.)

KORBI Wenn ich groß bin, ist alles ganz anders.

FRAU HABERL Freilich, Buberl.

MELI Mama, er will immer Deutsche und Juden spielen, und ich will jetzt Israeli und Araber spielen!

FRAU HABERL Warum denn?

MELI Weil dann er der Araber sein muß und ich gwinn.

DICHTER *(will einen Witz machen)* Warum spielts denn nicht

Tierversuchsanstalt, da ist ganz klar, wer gewinnt und wer nicht, und es gibt keinen Streit.

MELI Wer spielt den Affen?

DICHTER Demokratisch, das wird demokratisch gelöst: Ene mene mieze magst an Dieze, ene mene Matz, er ist ein edler treuer Schatz, Eck Speck Dreck und du mußt weg. Du, du bist der Versuchsaffe, und du darfst den weißen Kittel anziehn.

KORBI Immer bin ich der Versuchsaffe.

MELI Wenns dein Papa so ausgezählt hat.

KORBI Und wer bestimmt das Versuchsprogramm?

MELI Ich. Ich schneid dem Affen den Kopf ab und transplantier ihm einen Wauwauschnauz drauf.

KORBI *(wehrt sich.)*

MELI Affi gib Kopfi freiwillig, sonst bist du bös und wirst abgemurkst.

DICHTER *(verzweifelt)* Mich machts ihr nicht fertig. *(Zum Klo, in dem Reni sofort, nachdem es frei wurde, verschwunden ist)* He, hier spricht dein Mordopfer und ehemaliger Ehemann. Ich verzeihe dir, wenn du morgen das gesamte Geschirr abspülst. Komm raus, mit dir sind wir vollständig und können endlich Weihnachten feiern wie andere Leut auch.

RENI Was glaubst, wie meine Nasn jetzt ausschaut, ich kann nie wieder rauskommen. Tut es dir leid?

DICHTER Ja, du bist doch die einzige Frau in meinem Leben, die ein Gewicht hat. *(Kleine Pause.)*

RENI Gib mir einen Spiegel herein.

DICHTER *(tut es.)*

RENI *(kleine Pause.)* So schlimm is es gar nicht. Mein Gott, es geht doch, oder – *(kommt verweint, blau und grün heraus.)*

DICHTER So, und jetzt prosten mir uns einmal zu. Prost. *(Tun es, und alle trinken.)* Jetzt denken wir, weil heute Weihnachten ist, einmal nicht an uns, sondern an die vielen armen Kinder, die verhungern in der Welt.

GARFUNKEL Genau.

RENI Ich tät was darum gebn, wenn ich drei Kilo weniger hätt! *(Man starrt sie an, Stille.)* Entschuldigung, aber die ham nix zum essen, und ich hätt so gern drei Kilo weniger, dann wär ich einfach schlanker, schneller, besser. *(Lacht verlegen)* Mir tun die Kinder deswegen mindestens genauso leid wie euch. *(Stille.)*

FRAU HABERL Aber nicht so, Frau Schritt.

RENI Wie ich so jung war wie Sie, hab ich das Problem auch nicht gekannt. Da hab ich hin und wieder eine Abtreibung ghabt und, wenn man ein Glück ghabt hat, hat man dabei leicht drei Kilo abgnommen. Heut frißt man die Pille und wird immer fetter.

DICHTER Du brauchst doch keine Pille mehr?

RENI Mein Gott, alles, aber auch alles wird einem mißgönnt in diesem Haus. *(Weint, rennt ins Klo zurück.)*

DICHTER *(ihr nach)* Jetzt mach schon auf, kein Mensch hat was gegen dich.

RENI *(schreit von drinnen)* Doch.

DICHTER Nein.

RENI Doch.

DICHTER Jetzt mach auf! *(Zu den andern, es lächerlich machend)* Ich muß.

RENI *(schreit verzweifelt von drinnen)* Ich auch. Ich muß auch. Ich muß ununterbrochen, aber mich läßt ja keiner. Ich will doch nur ein bißl ein Glück.

GARFUNKEL *(leise)* Ich auch!

DICHTER Ach so, entschuldige. *(Zu sich, selten ehrlich)* Alle sind verrückt, alle wissen es, keiner ändert es. *(Schüttelt den Kopf)* Ich werd noch wahnsinnig.

RENI *(leiser werdend)* Ich will doch nur ein bißl ein Glück.

GARFUNKEL Ja versteht denn das niemand? *(Stille)* Ist hier überhaupt jemand, der Ohren hat.

RENI *(schreit aus dem Bad)* Ja, is hier überhaupt jemand, der Ohren hat.

GARFUNKEL *(zum Dichter)* Du bestimmt ned.

KORBI Metzgersau.

DICHTER Halts Maul, du bist positiv. *(Verzweifelt)* Mein Sohn ist positiv, fröhliche Weihnachten!

GARFUNKEL Papa, des is gemein *(Reißt sich zusammen)* Ja, ich bin positiv, fröhliche Weihnachten.

KORBI Ich bin auch positiv.

MELI Ich auch.

FRAU HABERL Seids ihr denn alle wahnsinnig geworden, mein Gott, du armer Bub, geh her da.

GARFUNKEL *(blöd tuntig)* Schleich dich, Donnerfotze.

LORENZ Komm zu mir, arms Buberl, arms.

GARFUNKEL Ich bin positiv, und deshalb will ich jetzt endlich leben.

DICHTER Jetzt, wost positiv bist, kannst dir das Leben ganz aus dem Kopf schlagen. *(Umschwung)* Horchts, jetzt spielen sie Oh Tannenbaum, das is mir noch lieber wie das Stille Nacht.

MUTTER *(kommt in Abendrobe, provokant, äfft)* Ich will doch nur ein bißl ein Glück. Ja versteht denn das niemand?

MELI und KORBI *(schreien durcheinander.)*

DICHTER Es entsteht einfach keine Feierlichkeit, so wie früher, wie man klein war.

KORBI Feierlich, is doch in den Arsch geschissen.

FRAU HABERL Man scheißt doch aus dem Arsch, Dummerl, und nicht hinein.

MELI Germanischer Depp.

DICHTER Daß es in dieser Familie überhaupts immer bloß um die Nazis oder den Arsch geht, das macht mich fix und fertig. Wie soll einem da ein guter Satz einfallen?

GARFUNKEL Für mich wär Weihnachtn wahnsinnig special, wenn man sich nicht dauernd in mein Privatleben einmischen tät.

KORBI Mein Arsch gehört mir.

GARFUNKEL Genau.

DICHTER Wer mir jetzt noch einmal Oh Tannenbaum und den Frieden stört, das klingt doch so schön, den tret ich so in den Arsch, weil Weihnachten wirklich das Fest − und jetzt bimmle ich dann gleich mit dem Glockerl, damit wir alle auf andere Gedanken kommen, und dann dürfts die Geschenke aufmachen und euch freuen. *(Kriegt keine Luft mehr)* Mein Gott!

LORENZ *(glücklich, er hat die ganze Zeit gewischt.)* Es is alles wieder sauber, ich hab alles zamputzt. *(Strafend)* Da kommt ganz schön was zam, wenn bei euch einmal einer sauber macht. Und das an Weihnachten!

MUTTER Sie sind doch ein Dichter, Herr Lorenz, und keine Putzfrau. Lassen Sie sich aus, wo Sie Lust haben, den Dreck sollen andere *(kleiner Blick auf Frau Haberl)* wegwischen.

LORENZ Ich will doch nur ein bißl ein Glück.

MUTTER Mit dieser Kostümtandlerin im Klo, dieser *(betont es)* Frau Haberl, und dem Herrn vom Gaswerk, guten Tag, ich bin Ihre Oma −

GARFUNKEL Leck mich!

MUTTER *(zu Korbi)* Bloß du Scheißerl, du gfallst der Oma, früh krümmt sich, was ein Häkchen werden soll.

RENI *(schluchzt, kotzt und rotzt im Klo)* Ja versteht mich denn niemand?

DICHTER *(eher zu sich)* Mir redn jetzt auch nimmer über positiv und negativ und den ganzen Scheißdreck. Heute ist Weihnachten, das Fest der Geburt von die Kinderlein, das Sterben kommt später. Man muß auch den Tod übergehen und weitermachen. Was bleibt eim denn anders übrig, halle luia!

FRAU HABERL Ja, jetzt sind mir einfach froh. Spielts Weihnachten, Kinder, spielts Geburt, der Tod kommt erst beim Osteilisuchen.

LORENZ Dazwischn kommt doch noch der hl. Geist.

DICHTER Der kommt doch später.

FRAU HABERL Des is wurscht, ich will die Kinder doch bloß auf andere Gedanken bringen. Ihr müßts nicht Tod spielen, sondern Geburt.

KORBI Wie geht das?

MELI Das kann man ned spielen, ohne vorher zu ficken.

GARFUNKEL Genau.

FRAU HABERL Das is doch das Geheimnis von Weihnachten.

KORBI Das Ficken wird mir bald glicken.

FRAU HABERL Was du nicht willst, daß man dir tut, das füg auch keinem andern zu. Is doch normal, oder?

DICHTER Heut ist doch das Jesulein geborn wordn in einem Stall in – wo war es, bei Tel Aviv.

MUTTER Es lebe Palästina!

FRAU HABERL Du meinst Bethlehem.

DICHTER Genau, unser guter Heiland.

MUTTER Und von wem is er umbracht wordn? Von die Judn.

MELI Kusch, blöde Oma.

FRAU HABERL *(eher lustlos)* Nazis raus aus Deutschland.

DICHTER *(zu Frau Haberl)* Gib mir ein Bussi, Nachbarin, ich will irgend etwas Erfreuliches tun.

FRAU HABERL Weil heut Weihnachten is. *(Tun es.)*

MUTTER *(schaut Lorenz an.)*

LORENZ Bitte nicht, ich vergehe vor Scham.

MUTTER *(deshalb)* Hats dich jetzt soweit, daßd mit ihr nach Nepal gehst. Gute Reise! Wer mir meinen Sohn wegnimmt, der wird Blut ernten. *(Stapft wie ein General zum Klo, laut)* Raus, ich muß!

RENI *(pariert und kommt raus, Mutter rein, Geräusche.)*

DICHTER Ich hab diesen Scheiß jetzt satt, ich mag nicht mehr. Schluß, aus, *(schreit)* ich will friedliche Weihnachten.

MUTTER *(aus dem Klo Töne.)*

FRAU HABERL Jetzt singen wir einmal! *(Zum Lied aus dem Fernseher.)*

MELI *(singt mit engelszarter Stimme.)*

RENI *(aus dem Klo vertrieben, kommt langsam näher, anknüpfend)* Jingle bells is mir noch lieber wie Oh Tannenbaum. Soll ich euch einmal was Interessantes mitteilen? Jingle bells is mir noch lieber wie Oh Tannenbaum, das mir eh schon lieber is wie Stille Nacht Heilige Nacht. Aber Stille Nacht ist eben von Mozart, drum mag ich ja den Mozart so gern, weil er hat etwas für die einen geschrieben und etwas für die andern. Mozart, ich danke dir.

LORENZ Stille Nacht ist von einem Lehrer, der Gruber geheißen hat, glaub ich.

DICHTER Laß sie doch, sei froh, daß glücklich is.

RENI Das glaub ich nie, weil jeder, der Stille Nacht hört, der weiß doch, das kann nur von Mozart sein, wenn nicht das Stille Nacht einsam wacht vom Mozart ist, was soll denn dann von Mozart sein?

GARFUNKEL Wer Mozart liebt, muß Weihnachten hassen.

MUTTER *(aus dem Klo)* Heil Hitler!

Dritter Akt

Die Küche umfunktioniert als Probenraum. Angedeutet darin die übliche Bauernstube, in der sich Bauerntheater abspielt. Nicht lächerlich, sondern geschickt arrangiert.
Alle sind im Kostüm.
Die Mutter spielt Creszenzia Schoberl, die Bäurin, Frau Haberl spielt Annamirl Schoberl, die Tochter, Lorenz spielt Stanislaus Tommahack, den Fremden. Natürlich können sie alle schauspielern, die »Laien« und die »Profis«. Endlich sind sie in ihrem Element. Der Dichter spielt Toni Oberleitner, den Knecht, er ist auch im Kostüm, sitzt aber »unten« und wirft seinen Text nur rauf, wenn er dran ist.
Er muß ja Regie führen. Neben ihm, schick, als Beratung Reni.

(Stimmen von außerhalb.)

STANI Auslassen, Sie Bauerntrampel!

ZENZ Du ausgschamter Kerl, des nimmst zruck.

STANI *(schreiend)* Sie wissn ja gar nicht, wer ich bin.

ZENZ Neamand bist du!

STANI Das ist die Höhe, das is – aua – decouvrieren Sie mich nicht.

(Es treten auf Zenz und Stani. Zenz hat Stani am Kragen seines Hemdes gepackt, und in diesem Griff hängt er wie in einem Fallschirm. Er ist damit beschäftigt, die dadurch entstehenden Blößen zu verdecken, denn er hat unterm Hemd nur eine Glokkenunterhose an. Außerdem hat er Rasierschaum im Gesicht.)

STANI *(schnaubend, aber er kann sich dem Zugriff der Zenz nicht erwehren.)* Blöder Trampel, laß er mich aus.

ZENZ Wer er?

STANI Er!

ZENZ Ich bin eine Dame, merk dir das. Was bin ich? *(Drückt zu.)*

STANI Auuu-auslassn. Haben Sie denn gar kein Schamgefühl?

ZENZ Du hast mein inneres Auge durch deinen blanken Hintern beleidigt. Das hast du nun zu büßen. Ich bin eine schwache Frau. Was bin ich?

STANI *(schreiend)* Auuua – ein schwacher, ein schwächlicher Dinosaurier. Au-auslassn! Laß sie mich doch gehen, in einer Viertelstunde habe ich gepackt und den Hof verlassen.

ZENZ Gepackt! Was denn gepackt? Was du gstohln hast auf deine Streifzüge, das willst du packen, aber vorher werden dich die Gendarmen packen.

STANI *(fassungslos)* Was spricht sie da? *(Der Schrecken über die Unterstellung gibt ihm Kraft, sich zu befreien.)* Stanislaus Tommahack! *(Mit Betonung)* Künstler. Was sagt sie nun?

ZENZ *(nicht ganz unbeeindruckt)* Künstler?

STANI *(draufsetzend)* Schauspieler. *(Wirft sich in Pose)* Sein oder Nichtsein, das ist hier die Frage! Obs edler im Gemüt, die Pfeil und Schleudern des wütenden Geschicks erdulden, oder *(wirft sich auf die Knie)* sich waffnend gegen eine See von Plagen — verstehst er, Bauerntrampel —

ZENZ *(verwirrt)* Ha?

STANI *(wild)* ... sich waffnend gegen eine See von Plagen im Widerstand zu enden. *(Drauf)* Sterben, schlafen, nichts weiter, und zu wissen, daß ein Schlaf das Herzweh und die tausend Stöße endet, die unseres Fleisches Erbteil sind, es ist ein Ziel aufs Innigste zu wünschen. Sterben, schlafen, vielleicht auch *(tief bewegt)* träumen. *(Anderer Ton, aufstehend)* Was sagt sie jetzt, ha, und wieder, ha?

ANNI *(ist inzwischen von hinten aufgetreten)* Was machts denn ihr da? Laßt du dir Herrenunterwäsch vorführn?

ZENZ Naus mit dir. Des is kein Anblick für dich, das is die rauhe Wirklichkeit.

ANNI Mann is Mann.

ZENZ Des is doch kein Mann, dieses Jammergestell, schau dir doch die dünnen Schenkerl an.

ANNI Was er an die Schenkerl zuwenig hat, hat er am Bauch zuviel.

ZENZ Sowas sollst du überhaupt nicht sehn.

ANNI Vielleicht kann man ihn herausfuadan.

ZENZ Aber ned auf meim Hof.

STANI Ich vergehe vor Scham.

TONI *(kommt von draußen, amüsiert)* Jetz des is sauber — was is denn da los?

ZENZ Der hat in unserm Stadel übernachtn wolln. Ich hab ihn aufgestöbert, und jetzt will ich, daß er möglichst schnell weiter kommt.

TONI Also mir gfallt er.

STANI Gestatten? Stanislaus Tommahack, Schauspieler.

TONI Toni Oberleitner, Knecht.

STANI Beim Himmer, das war die größte Blamage meines Lebens. Aber Schluß jetzt, ich werde sofort Ihre Scheune räumen. Und nimmer sehet Ihr mich wieder. Ich kleide mich nur noch an.

TONI Oh je, da werds jetzt was habn. War des Ihr Gwand, was im Stadl glegn hat.

STANI Jawohl, das ist meine Garderobe.

TONI Geh, des warn doch bloß ein paar Fetzn.

STANI *(erblassend)* Bitte?

TONI De hab ich weggschmissn.

STANI Ja is denn in diesem Haus alles verhext. Warum haben Sie sich meines Eigentums bemächtigt, Herr Unterleitner?

TONI Oberleitner.

STANI Ob oben oder unten ist mir egal, ich will meine Garderobe.

TONI Mei, des müssens halt verstehn, Herr Fallbeil –

STANI *(gekränkt)* Tommahack.

TONI Ob Tommahack oder Fallbeil is jetzt mir wieder wurscht. Aber des kommt öfter vor, daß Landstreicher bei uns über Nacht einkehrn, seit mir die Autobahn unds Rasthaus in der Näh ham ...

STANI Jawohl, ich bin auf der Durchreise.

ZENZ Ihr Gsindel laßts bei solcherne Gelegenheiten einen Haufen Dreck zruck, von der leeren Konservenbüchsen bis zur angschissenen Unterhosn. Ich bin keine Müllhalde.

TONI Ich hab mir denkt, ham mir wieder so einen ungebetnen Bsuach ghabt, und drum hab ich den ganzn Krempl aufn Misthaufen gschmissen.

STANI Auf den Misthaufen? Mich trifft der Schlag. Wie soll ich denn jetzt dieses unselige Haus verlassen.

ANNI Der kriegt von mir ein Kleidl.

STANI *(plötzlich auffahrend)* Was haben Sie gesagt? Alles haben Sie weggeworfen? Bei allen Musen der Götter, *(geht bedrohlich auf Toni zu)* Wahnsinniger, was tatest du? Shakespeare, Schiller, Goethe, Kleist hat er auf den Misthaufen geworfen. Meine edlen Freunde, mein ganzes Hab und Gut.

ZENZ Warn noch mehr Männer im Stadl?

TONI Moana Sie de paar zerfetzten Biacha?

STANI Rollenbücher! Mein ganzer Schatz. Was spreche ich denn dem nächsten Intendanten vor, der eine Kostprobe meines Talents will. Ohne Bücher.

TONI Aufm Misthaufen miassns noch liegen.

STANI *(zur Tür)* Dann eilet schnell eh es zu spat, daß er die Bücher wieder hat. Shakespeare, Schiller, Goethe, Kleist, durchhalten, der Retter naht mit Windeseile. *(Fliegenden Hemdes ab.)*

ANNI *(zum Fenster, schaut ihm nach)* Von hinten schaut er aus wie der Erzengel Gabriel. Jetzt erklimmt er unsern Misthaufen. Jetzt is er auf der höchsten Spitze und schaut sich um. Direkt schön is er in seinem Zorn.

STANI *(draußen)* Aua! Hilfe!

ZENZ *(auch zum Fenster)* Jetzt is er ausgrutscht. Jetzt sitzt dein Erzengel mitm Hintern in unserm Mist.

STANI Hiiilfe, zu Hilfe! Stanilaus Tommahack ist am Versinken.

TONI Ich helf ihm raus, sonst geht er noch unter. *(Ab.)*

ZENZ Gebts ihm irgendein Gwand, irgendwas Altes wird schon da sein, und dann ab mit ihm. Des Gsindel ghört doch ins Arbeitslager.

(Toni führt Stani herein, er ist auf und auf voll Mist und hat krampfhaft seine geliebten Bücher umklammert.)

STANI Triumph, Triumph, nun haben wir uns wieder.

TONI Setzen Sie sich lieber nieder.

STANI *(streckt ihm die Hand hin)* Dank dir, mein wackerer Freund, ich schulde dir mein Leben.

TONI So tief is unser Misthaufen ned.

ZENZ Und das in meim Haus. Auf meim Hof. Es is a Schand.

ANNI Aber Mutti.

ZENZ Sogar mein Mist is mir zu schad für so einen Kerl. Wenn der in zehn Minutn ned draußen is, lernts ihr mich kennen, pfui Teufl. *(Ab.)*

TONI Die Schmach ist mein, die Rache meines Gegners schnöde Münze.

ANNI Und was machn wir jetzt mit ihm? So können mir ihn ned wegschicken. Der schaut ja aus, als hättn mir ihn zu dritt vergewaltigt.

STANI Jawoll, an die Polizei wende ich mich. Sie müssen mir meine gesamte Garderobe ersetzen.

TONI Geh, die paar Fetzn.

ANNI Das is doch kein Problem. In der Abstellkammer is ein ganzer Schrank voll Gwand vom seligen Vater, da war seit seim Tod niemand mehr dran. Ein bißl altmodisch wirds halt sein.

STANI Das macht nix, ich schwärme für Antiquitäten.

ANNI Und passn müßt es ihm auch, der Vater hat eine ähnliche
   Figur ghabt wie der Herr Tommabeil.

STANI Hack! hack! Und was ist mit meinen Verlusten?

TONI Ihre Bücher hams doch wieder.

STANI Ja, aber nicht mehr in Leinen, sondern in Mist gebunden.

TONI Mir ham kein Shakespeare und so – bloß den Bauernka-
   lender vom letzten Jahr.

ANNI Jetzt führst ihn einmal ind Abstellkammer, dort soll er
   sich was aussuchen, dann sehn mir weiter.

STANI Freie Auswahl.

ANNI Was wolln, könnens haben.

STANI Und meine unterbrochene Toilette müßte ich beenden.
   Aber Sie haben ja alles weggeworfen, was meine Hygiene dra-
   pierte.

TONI Ich leih Ihnen von mir, was brauchen. Und es Rasierwas-
   ser, des war sauteuer, des schenk ich Ihnen sogar.

STANI Duft ist immer gut. Gehn wir ab zum Kleiderschrank,
   das ist des Mimen bester Dank.
   (Ab die beiden.)

ZENZ *(kommt mit dem Teppichklopfer herein)* So, jetzt hab ich
   aber genug, jetzt werd ich dem Ungeziefer Beine machen.

ANNI *(lügt)* Der is schon weg, Mama.

ZENZ Das wird sein Glück sein. So ein Kerl is ja eine Beleidigung
   für einen anständign Menschen.

TONI *(kommt wieder)* Na, wär der Herr Tommerbeil keine
   Konkurrenz für mich?

ANNI Wieso?

TONI Na, ein Schauspieler gfallt doch die Madeln immer.

ANNI Ach geh, Tschapperl! *(Sie küssen sich.)*

ZENZ Habts ihr keine Arbeit?

ANNI Wieso? Busseln is doch auch eine Arbeit, bloß eine
   schöne.

ZENZ Fangst wieder damit an.

ANNI Mein Gott, Mutti, bist du stur! Is doch wahr.

ZENZ Wahr is, daß ihr Jungen uns immer schon zum alten Eisen
   werfen wollts. Im Weg bin ich dir.

ANNI Das hab ich nicht gsagt.

ZENZ Aber denkt hast es dir.

ANNI Du tust ja, als würd man weiß Gott was verlangen. Dabei
   is doch das Selbstverständlichste von der Welt. Jetzt bist bald
   60 Jahr und ich 25. Wennst einen Sohn hättst statt meiner,

hättst schon längst den Hof übergeben müssen und ihn heiraten lassen.

ZENZ Da tät ich auch nicht übergeben. Ich bin noch gut beinander. Ich will nicht, daß auf dem Hof Kinder rumlaufen, die Oma zu mir sagen.

ANNI Oma sein is doch keine Schand.

ZENZ Da kannst in 20 Jahr wieder anfragen.

TONI Weil Kinder kriegst auf dem Hof vorerst auch nur du, gell Bäurin, obst dich da nicht ein bißl schwer tust.

ANNI Du denkst nur an dich, Mama.

ZENZ Ich muß schaun, daß ich noch einen Mann krieg, bei mir is höchste Zeit, du kannst in 20 Jahr noch an jedem Finger fünf haben.

ANNI Ich hab aber an alle zehn Finger nur einen, den Toni.

ZENZ Weilst dumm bist. So einen wie den Toni kriegst du doch immer noch, und wennst jetzt ned gleich heiratst, kommt vielleicht noch ein andrer, der ned auf mein Hof angwiesen is.

TONI Ich bin auf deinen Hof nicht angewiesen, Bäurin, ich kann mit meiner Arbeit überall eine Familie ernähren.

ZENZ Dann gehts doch. Ich halt euch nicht. Im Gegenteil, wenn ich keine erwachsene Tochter mehr hab, sind meine Aussichten noch besser. Das macht noch jünger.

TONI Setz dich doch gleich mit einer Strampelhosn in einen Laufstall, was glaubst, wie jung du dann ausschaust.

ZENZ Frech werdn, des kannst. Mehr nicht.

TONI Doch, ich mach Ernst, ich geh mit dem Annerl weg.

ZENZ Wenn ich einen hab, der mich heirat, dann könnts doch wieder kommen. Dann seids ja kein Hindernis mehr. Denn wenn ich einmal wieder einen zwischen die Händ krieg, dann kommt mir der nicht mehr aus. Aber erst komm ich, weils bei mir pressiert, dann du, das is die Reihenfolge.

TONI Nimm doch den Tommahack.

ZENZ Den würd ich in der Brautnacht erwürgen. *(Will ab.)*

STANI *(tritt von hinten auf, total verwandelt, will was sagen, merkt, daß man ihn nicht erkennt, schweigt, schreitet einher, Pause.)*

ZENZ Entschuldigung der Herr, wollen Sie was?

STANI *(schaut sie von oben herab an)* Ich bin auf der Durchreise.

ZENZ *(schwach sehnsüchtig)* Und da wollens zu uns?

STANI Wer weiß.

ANNI Sans von der Autobahn abkommen? Da sans ned der erste, der sich in unser Nest verfahrt.

TONI Bei der blöden Ausschilderung.

STANI Mein Schicksal ist Bestimmung.

ZENZ *(zupft ihre Tochter, leise)* Ich hab doch am Wochenende wieder eine Heiratsannoncn aufgebn, vielleicht – *(schaut, strahlt)* Wollen Sie vielleicht zur Milchbäurin Creszenzia Schoberl?

STANI *(nickt vielsagend.)*

ZENZ Kommens wegen meiner Heiratsannoncn im Kotzenhauser Boten.

STANI Wer würds nicht gern im Wochenblättchen lesen: Ein Mann ist da und läßt sie grüßen.

ZENZ *(stöhnt und sinkt ihm schmelzend in die Arme)* Willkommen, Herr –

STANI *(groß)* Maximilian von Berg, Naturforscher.

ZENZ *(versinkt.)*

TONI Vielleicht gibts eine Doppelhochzeit!

(Simultan dazwischen weiter, von »unten«, leise, wobei der Dichter hin und wieder sein Stichwort überhört und die Mutter ein dumpfes »du bist dran« ausstößt.)

DICHTER *(leise, verzweifelt)* Ich kann dieses Theater nicht mehr ertragen. Es macht mich wahnsinnig. Ich kann diesen Humor nicht mehr aushalten. Der bringt mich um.

RENI Schreib halt einmal was Ernstes.

DICHTER Damit mir alle verhungern!

RENI Schau halt nicht hin.

DICHTER Aber ich bin doch der Regisseur, Autor und der –ah– Toni.

RENI Wenns dich so quält.

DICHTER *(nickt, kleine Pause)* Des is lieb von dir, daßd mir kostümmäßig ein bißl unter die Arme greifst, siehst eh, des is ein Kostümstück, mit der Verwandlung von dem Tommahack steht und fällt die Glaubwürdigkeit.

RENI Wennst mir verzeihst, *(peinlich)* daß ich dich am liebsten abgstochn hätt.

DICHTER Is doch normal, oder?

RENI Daßd dir nicht endlich einen vernünftign Probenraum nimmst, versteh ich nicht.

DICHTER Mir ham die letzte Zeit immer im Pfarrsaal von der Paulskirche proben dürfen. Aber zur Zeit haltens da einen

Andachtsmarathon ab. *(Schaut, schweigt, schluckt, verzwei-felt)* Ich könnt hinaufgehn und ihnen die Gurgel umdrehn. Meine Mutter is so schlecht, die ghört sowieso von der Bühne heruntergeschossn.

RENI Und immer wieder engagierst sie. Schon vor Jahren hab ich dir gsagt –

DICHTER Is doch meine Mutter. Außerdem is in ihrer Preis-klasse die einzige bayrische Komikerin, die ich mir leisten kann *und* die ankommt. *(Er hört verzweifelt versonnen zu.)* Mein Gott, warum bin ich nicht Tierarzt geworden –

RENI Geh, des is doch nix für dich.

DICHTER Des Landlebn. Des Lebn, *(unverständlicher Text)* auf dem Land. Eine Kartoffelaufzucht.

RENI Eine was?

DICHTER Eine Kartoffeldingsbums. Also, du baust Kartoffeln an im Frühjahr und schaust, wie sie wachsen, und freust dich –

MUTTER *(gravitätisch)* Also wenn ihr euch dauernd unterhaltet, wofür spielen wir denn dann? Wo man sich eh schon mit lau-ter *(Blick zu Frau Haberl, nicht zu Lorenz)* Laien rumplagen muß.

DICHTER Entschuldige Mutti, aber des hat einen konzeptionel-len Hintergrund, des Gespräch.

MUTTER Ich mag es nicht, wenn man plaudert, während ich spiele.

(Und sie spielen weiter.)

DICHTER *(verzweifelt zuhörend)* So einen Scheißdreck hab ich überhaupts noch nie geschrieben, das is überhaupt der größte Scheißdreck, der überhaupt jemals geschrieben worden is. *(Zum Himmel)* Mein Gott, is des schlecht.

RENI Des is nicht anders, wie du sonst auch gschrieben hast.

DICHTER Danke.

RENI Objektiv, im guten wie im schlechten. *(Kleine Pause.)* Findst jetzt du, daß diese Frau Haberl wirklich ein Talent hat?

DICHTER Ich hab nix mit ihr, ich schwöre es bei Gott.

RENI Ich find sie trotzdem nicht so gut.

DICHTER Freilich is die Michele Pfeiffer besser, aber die krieg ich nicht. Jugendliche Liebhaberinnen sind so rar wie – die gehn doch alle zum Fernsehen. Die Frau Haberl schaut appe-titlich aus und kost ned viel.

RENI Der Lorenz ist ein echtes Talent.

DICHTER Das sieht ein Blinder. Den hätt ich schon immer haben wollen, aber weil er nicht bayrisch kann, hab ich es wieder vergessen. Hier paßt er.

RENI Des tust doch bloß wegn deiner Mutter, weilst ihr hörig bist, in deinem Alter. Unsere Ehe hats auch –

DICHTER Bitte nichts mehr aus der Richtung. *(Pause, sie schauen zu.)* Was willstn im Bauerntheater auch anderes machen, als den Scheiß? *(Kleine Pause, muß über einen Witz lachen)* Des is jetzt gut, gar ned schlecht. *(Ruft rauf)* Gut, sehr gut, weiter so, prima! *(Leiser zu Reni, eher heiter)* Leben is lügen, nicht nur beim Theater. Ich möcht einmal von mir schreiben, so wie er. *(Meint Lorenz, leise, ehrlich)* Aber man kann das Bauerntheater nicht an das moderne Leben heranführen. Das funktioniert nicht. Auf dem Theater gibts kein Leben, privat ham mir Theater, aber da. Wo is das Leben?

RENI Ich finds gar nicht so schlecht, und *(einlenkend)* deine Mutter ist auch wie immer.

DICHTER Es ist alles, es ist überhaupt alles wie immer. Das is es ja.

RENI Ich weiß ned, du siehst heut alles schwarz, das Theater –

DICHTER Bauerntheater!

RENI Des is doch wurscht, obst den Komödienstadl oder die Phädra machst: Das hat doch alles zwei nix mit dem Leben zu tun.

DICHTER Wo der Dings war, dorthin müßt man kommen. Aber das geht nicht mit dem Bauerntheater.

RENI Ich langweil mich beim Dings mehr wie im Bauerntheater.

DICHTER Danke, du bist lieb. Ich liebe dich, danke. Hast dich überhaupt wieder erholt bei uns, gell?

RENI Jetzt bin ich doch sozusagen beruflich. Beruflich is einfach.

DICHTER Mein Gott – *(hört den Schauspielern zu)* wenn ich auf die Bühne schau, dann friert mich.

RENI Du brauchst eine Form der Kommunikation, die wo über die reine *(unverständlicher Text)* Zweierbeziehung.

DICHTER Ich glaub auch. *(Schaut wieder auf die Bühne)* Mein Gott, is das schlecht. Das is ja furchtbar langweilig. Ich halt es nicht mehr aus. Ich dreh durch.

(Garfunkel ist gekommen, extrem erledigt.)

DICHTER Was isn mit dir?

GARFUNKEL Nix.

DICHTER Du bist ja ganz verweint, was war denn?

GARFUNKEL Nix, was du Arsch je verstehst.

MUTTER *(auf der Bühne)* Mir spieln jetzt einfach für uns weiter, weil mir müssen ja übermorgn in Bad Sodem auf der Bühne stehn.

DICHTER Schau dir deinen Enkel an –

GARFUNKEL *(schreit)* Leckts mich am Arsch.

MUTTER Ich sage ja, wir spielen für uns weiter, damit wir wenigstens einmal durch dieses sch---schöne Stück durchkommen, weil mir müssen ja schließlich übermorgen in Bad Sodem den Kopf hinhalten.

DICHTER Machma a kurze Pause.

MUTTER Wir machen keine Pause. *(Stolz)* Ich hab um 14 Uhr einen Synchron, und den nehme ich wahr, verstanden.

DICHTER Sagt ja keiner was.

(Sie machen aber nicht weiter, weil Frau Haberl längst die Bühne verlassen hat und an der Klotür steht.)

FRAU HABERL *(leise)* Ich bins, die Frau Haberl, was is denn?

GARFUNKEL Ich hab im Englischn jemand kennenglernt, mit dem ich mit bin, weil er mir so sympathisch war.

RENI Des is doch ned schlimm.

GARFUNKEL Aber dann hat er gsagt, er tut mir einen Analglider hinein.

RENI *(plötzlich aus sich heraus)* Das tun die Männer doch immer, das is doch ganz normal, die wollen einen doch immer bloß im Dings ficken, weil sie einen demütigen wollen, dein Papa auch.

DICHTER Muß des jetzt sein?

RENI *(ungebremst)* Den hat mir dein Papa doch auch immer hinein, *(zum Dichter)* weißt es doch, oder hast es vergessen?

GARFUNKEL Ja, aber dann hat er keinen Analglider gnommen, sondern Vick Vaporub, die miese Sadistensau, und jetzt brennt das wie Feuer, die Sadistensau, die elende.

RENI Hast Durchfall? *(Irgendwie fröhlich, laut)* Ich hab immer Probleme mit dem Schließmuskel ghabt, danach.

GARFUNKEL Das muß heraus, des muß ich heraus scheißen des Vick Vaporub, des muß heraus muß des. *(Man hört ihn schluchzen, jammern, toben.)*

FRAU HABERL Des is doch ned so schlimm.

GARFUNKEL Ich hasse das Vick Vaporub.

FRAU HABERL Jetzt komm raus, des kannst ned rausscheißn, des sind Verbrennungen jetzt vermutlich, des muß man behandeln oder kühlen, des Teil, dann gehts schon wieder.

GARFUNKEL Ich komm nie wieder raus. Nie mehr. Ich hasse das Vick Vaporub und das Leben. Mein Gott, warum hab ich auf die Welt kommen müssen, warum muß ich positiv sein und warum muß mir der jetzt das Vick Vaporub hineinschmieren statt einem Analglider. Warum denn?

LORENZ *(leise zur Mutter)* War ich denn einigermaßen gut, Frau Schritt?

MUTTER Ach lieber warmer Junge, wir zwei sollten einmal gemeinsam in einem richtigen Stück auftreten, das würde die Welt verändern.

LORENZ Wirklich?

FRAU HABERL Des is doch ned so schlimm, des sind doch Kleinigkeiten, des steckst weg, des Vick, des steckst weg.

GARFUNKEL Des steck ich nie weg, des weiß ich. Von die großen Brocken hab ich gar keine Angst, bloß die Kleinigkeiten, die fürcht ich panisch.

FRAU HABERL Des war doch bloß ein Witz, auch wenns ned normal is.

GARFUNKEL Ich bin kein Witz. Ich laß mich nicht mehr fertigmachen, nicht vom Gesundheitsamt und nicht vom Papa und nicht vom Vick Vaporub. Ich will doch eine Geschlechtsumwandlung, wo soll ich denn das Geld hernehmen, wenn ich jetzt wochenlang im Teil das Vick Vaporub drin hab.

DICHTER Sag du was, du bist doch seine Mutter.

RENI Ich hab doch schon was gsagt. Jetzt bist du dran.

DICHTER Was soll ich denn sagen?

FRAU HABERL Sag, daß du ihn lieb hast, is doch normal, oder?

DICHTER *(ehrlich, leise)* Ich kann ihn nicht lieb haben, weil mir das Schwulsein einfach fremd is. *(Keucht)* Lieber ein Nazi wie schwul.

FRAU HABERL *(spitz)* Wie wärs denn mit einem schwulen, aidskranken Nazi?

DICHTER *(verbohrt, leise, nach Luft ringend)* Wenn er wenigstens ein männlicher Schwuler is!

RENI Arschloch.

DICHTER *(leise, schwer)* Das wär doch mir egal, ob er Weiblein oder Männlein vögelt, oder eine Geis, aber er, er muß der Fikker sein, und er ist es nicht. Er hält hin und läßt sich in die Kiste spucken.

(Die Frauen schauen ihn und sich entgeistert an, Wahnsinnsgesten)

181

DICHTER Wenn ich den find, der meinen Sohn zu dem gemacht hat, was er is, der kann was erleben.

(Große Stille. Man klopft, horcht, ruft.)

RENI *(zum Dichter)* Sag was.

FRAU HABERL Du blöder Affenarsch, sag was!

DICHTER *(langsam, zäh, atemlos, furchtbar für ihn)* Du bist schwul, das is kein Beinbruch. Das sind viele, und nicht die schlechtesten, grad beim Theater. Aber du gehst im Englischn auf den Strich, man muß es so nennen, und du gehst auf den Strich, weil das eine sexuelle Besonderheit is, die wo dich reizt. Gib es zu, du gehst nicht für einen Hunni mit und laßt dir Vick Vaporub in Arsch schmiern und dich eine Stund lang aufmischn, weilst kein Geld hast.

FRAU HABERL *(laut, einfach)* Er spart doch für eine Geschlechtsumwandlung, weil er nie von der Krankenkasse als Frau anerkannt wird. Drum muß er es privat machen. Is doch normal, oder? Machen doch andere Transsexuelle auch.

DICHTER *(hilflos, verzweifelt)* Warum?

FRAU HABERL Weil er nicht als Mann sterben will, sondern als Frau.

RENI *(schreit)* Is doch normal, oder?

DICHTER *(starrt sie an, schüttelt es ab wie eine Schlange)* Neinnein, das will mein Sohn nicht, mein Sohn is ein Mann, und der will als Mann sterbn. Mein Gott, hilf mir! *(Fängt sich)* Ich gib dir freie Kost und Verpflegung und 350 Mark Taschngeld im Monat. Ich gib dir mehr, wie die andern in deim Alter kriegen. *(Zu den Frauen, wie ein Erfolg)* Jetzt hört er mir wenigstens einmal zu, jetzt kann er ned aus. Schau, dein Vater is doch ein alter geiler Bock, mir is doch nix Menschliches fremd. Gar nix. Mit mir kannst doch über alles redn. *(Leise)* Er hört mir zu, was soll ich denn sagen?

FRAU HABERL Daß du ihn gern hast, daß du ihn liebst.

DICHTER *(schüttelt den Kopf.)*

FRAU HABERL *(sagt es ihm leise, deutlich, langsam vor, wie einem Kind, dem man das Sprechen lernen will)* Ich liebe dich, mein armes Kind.

DICHTER Mir graust vor ihm. *(Starrt auf die Klotür)* Stell dir vor: die Klos im Englischn, da steht er drin, stundnlang bis ihn einer anredt, zu ihm herüberschaut und ihm an den Hintern greift, »unabsichtlich« einen Hunderter vorzeigt, und dann nickt er, und dann verschwindns in einem Gebüsch, und dann schmiert so eine Drecksau meinem Kind Vick Vaporub in den Hintern und dann – *(verzweifelt)* es ist unnatürlich! *(Laut)* Hörst du, hörst du mich? Schluß mit der Scheißtoleranz, Ende. Basta. Es ist unnatürlich, es ist verabscheuungswürdig, es ist ekelhaft. Mir graust, wenn ich daran denke, daß mir, meinem Sohn, meinem Fleisch und Blut, meinem – du warst ein so ein liebes Baby, ein so ein zarter netter Bub – mein Gott, daß dir einer seinen hinein, hinein – es ist ekelhaft, der liebe Gott hat schon recht, daß er euch das Aids geschickt hat, das habts jetzt davon. Alles kann ich verstehn, daß einer auf der Alm seine Ziege, daß einer, ja wenn ein Vater seine Tochter, es ist *verständlich*, aber einen Mann, von Mann zu Mann ins Arschloch! *(Schnauft, kleine Pause)* So, jetzt kannst rauskommen, jetzt hab ich dir alles gsagt, jetzt können mir wieder gut sein, jetzt, ich – *(leise, erstickend)* komm raus, ich hab mich bloß einmal von einem Mann, mein Gott, da war ich jung, unwissend dumm, aber ich, da hab ich mich doch abgewandt, *(sehr intim zur Klotür)* das hab ich doch durchschaut, mein Gott, das muß man unterdrücken, du mußt dich doch durchsetzen, du bist doch ein Mann, du mußt doch Ellbogen kriegen, du mußt doch was werden – schau dir die Tuntn doch an, die ham doch alle keinen Erfolg im Leben, die sind reduziert, zurückgenommen, die ham Pickel und Angst und Aids und sind – das, mir sind doch keine Frauen, mir sind doch Männer, mir müssen doch die Welt erobern –

FRAU HABERL Red doch keinen Scheißdreck, sag: ich liebe dich, trotz allem, komm heraus, ich schau mir deinen Hintern an und, wenn es sein muß, bring ich dich zum Arzt –

LORENZ *(fleht)* Ja tu das, bitte tu das, sonst bring ich mich um. Ich schwör es bei Gott!

MUTTER Pscht!

DICHTER Wegn eim bißl Vick Vaporub muß er ned zum Arzt, des brennt und hört wieder auf.

RENI *(hysterisch)* Woher weißt du denn das?

FRAU HABERL Sag, ich liebe dich trotz allem.

DICHTER Ich liebe dich – trotzdem.

RENI Du bist doch mein Sohn.

DICHTER Du bist doch mein Sohn.

FRAU HABERL Is doch normal, oder?

RENI Trotz allem.

DICHTER Trotz allem, *(er würgt)* du kannst doch mit mir über alles reden, ich bin doch dein Vater.

RENI Komm raus, nehmen wir uns in die Arme und verzeihen wir uns gegenseitig.

FRAU HABERL Genau.

DICHTER Komm raus, nehmen wir uns in die Arme und verzeihen wir uns gegenseitig. Versprich mir, daß du dich nicht mehr im Englischn Gartn aufreißn laßt.

(Große Stille.)

FRAU HABERL Da is was passiert, das is nicht normal.

DICHTER Da is was passiert. *(Zu Reni)* Meinst, es is was passiert?

Schau, ich knie vor dir, ich flehe dich an, komm heraus, ich nimm dich in die Arme *(was er jetzt ehrlich meint).*

FRAU HABERL Ich hab dich ganz tief lieb, trotz allem, mit jedem Teil.

DICHTER Ich hab dich ganz tief lieb, trotz allem.

(Große Stille.)

(Pause, sie warten, es rührt sich nichts, sie schlagen die Tür ein, Garfunkel hat sich erhängt.)

(Große Stille.)

MUTTER Ich glaub, jetzt müssn wir doch eine Pause machen. *(Kleine Pause.)* Burschi, das ist nicht deine Schuld.

(Stille)

MUTTER *(langsam weiter)* Danke Gott, daß wenigstens der ein Einsehn hat. Wenn er seine Krankheit erlebt hätt, das wär vielleicht noch schlimmer gewesen. Der liebe Gott macht es schon richtig.

DICHTER Halts Maul!

MUTTER Ich bin dir nicht bös, mein guter Bub. Ich weiß, daß du dir Vorwürfe machst, das is ja das schöne an dir. Aber das, *(starrt)*, das hat niemand verhindern können.

DICHTER Sei still, sonst hau ich dir die Prothesn aus dem Maul.

MUTTER Ach so — bin ich jetzt vielleicht schuld, daß sich der Kerl da derhängt hat? Du hast es doch selber gsagt, lieber einen Krüppel als wie so einen. Dem sein Leben hat sich doch eh bloß im Klo abgespielt.

FRAU HABERL Jetzt sinds doch einen Moment still, Frau Schritt, das is doch ned so schlimm, wenn man einen Moment still is.

(Dichter und Lorenz haben Garfunkel aus der Schlinge geholt

und aus dem Klo getragen, Dichter sackt mit dem Toten auf
dem Schoß auf einem Stuhl zusammen.)
(Stille.)

DICHTER *(leise zu Lorenz)* Gib mir die Schreibmaschine.

LORENZ *(tut es.)*

DICHTER *(leise)* Ich will nur einen Satz schreiben, einen guten
Satz, einen einzigen guten Satz, dann machen wir weiter.
*(Stellt die Schreibmaschine auf oder neben den toten Sohn,
zart, vorsichtig.)*

MUTTER So is brav, schreib, Bub, schreib und denk dir nix. Du
kannst nix dafür und wir auch nicht.

RENI *(hebt die Faust im Rücken der Mutter, aber die merkt es
und dreht sich schnell um.)*

MUTTER Du Luder, du kleines.

RENI Entschuldigung.
(Stille)

DICHTER Hörts ihr, wie still es is? Isa wahnsinnig. *(Alle haben
sich im Rücken des Dichters versammelt und schauen auf das
Papier in seiner Schreibmaschine.)*
(Die Kinder kommen mit Schulranzen.)

DICHTER *(springt auf, sieht sich um, weiß nicht, wie er den toten Garfunkel vor den Kindern verbergen soll, schleppt ihn
zurück ins Klo, schließt sich dort mit ihm ein.)*

MELI Mama, der Korbi sagt, daß es heute Backhendl gibt, und
ich darf mitessen.

KORBI Weil wir heiraten, wenn wir groß sind.

MUTTER *(brummt unwillig.)*

FRAU HABERL Mir sind grad ein bißl still.

RENI Ein bissi nur.

KORBI Warum?
(Stille)

MUTTER *(hart)* Die Stille ist der Tod der Dichtung. *(Sie geht
singend ab.)*

LORENZ *(leise)* Stille, stille, psst!

MELI Ich muß Pipi. *(Geht zum Klo, welches versperrt is)* Wer isn
da drin?

RENI Niemand.

MELI *(schaut durchs Schlüsselloch)* Da sind zwei drin.

KORBI Da sind zwei drin, die machen was.

RENI In einem Klo is immer nur einer drin.

KORBI Sind aber zwei, Tante.

MELI Die machen nicht Pipi.

FRAU HABERL Was sollen denn die sonst machen?

MELI Ich weiß, was die machen.

RENI Was denn?

MELI *(laut, fröhlich)* Liebe.
 (Man nickt.)

Ende

Bauerntheater
Komödie
Entstanden 1989
Uraufführung: Schauspiel Köln, Kammerspiele, 13. 4. 1991. Darsteller: Dirk Bach, Traute Hoess, Herbert Knaup, Nicki von Tempelhoff, Katja Bellinghausen, Karina Fallenstein u. a. Regie: Torsten Fischer.

Die Heiner-Müller-Ausgabe

Heiner Müller
Jenseits der Nation
Im Interview mit Frank M. Raddatz

Müller Deutschland, so hat man den bedeutendsten
lebenden Dramatiker deutscher Sprache oft genannt. Die
geschichtspessimistische Radikalität seiner Arbeit wird
hierzulande gern als antisozialistisch verstanden oder für
den Untergang aller möglichen Abendländer verein-
nahmt. Heiner Müllers Beharrlichkeit, in Widersprüchen
zu denken und zu schreiben, verkantet seine Positionen
störend in allen Systemen.
In seinen Interviews entwickelt er eine historische
Tiefenschärfe im Nachdenken über die gegenwärtigen
Ereignisse in Ost und West, die nur wenigen Intellek-
tuellen eigen ist.
Rotbuch Taschenbuch 49

Heiner Müller
Zur Lage der Nation
Im Interview mit Frank M. Raddatz

»Im Augenblick, wo eine Bewegung ihre kollektive Kraft
verliert, fängt das Mumifizieren an. Man muß die Kraft
aus den Toten beziehen, weil es keine Zukunft mehr gibt.
Die Mumifizierung Lenins war das Ende der Weltrevolu-
tion ... Für die Realität in der DDR ist es natürlich völlig
unwichtig, ob da in Moskau ein Mausoleum steht, aber
daran kann man die Trennungslinie gut erkennen, die quer
durch Europa läuft. Mein Traum allerdings wäre ein
Kohl-Mausoleum im Teutoburger Wald. Kohl würde sich
auch von der Statur her ausgezeichnet eignen - die größte
Mumie der Welt.«
Rotbuch Taschenbuch 13

Über das gesamte Verlagsprogramm informiert unser
kostenloses Gesamtverzeichnis, Postkarte genügt.
Rotbuch Verlag, Parkallee 2, 20144 Hamburg